宋彪的故事

——世界技能大赛“阿尔伯特·维达”奖
中国首位获奖者纪实

编　著：赵建军
参　编：耿健钢　陈顺华　崔　琪

中国劳动社会保障出版社

图书在版编目(CIP)数据

宋彪的故事 / 赵建军编著；耿健钢，陈顺华，崔琪参编 . -- 北京：中国劳动社会保障出版社，2018

ISBN 978-7-5167-3693-7

Ⅰ. ①宋… Ⅱ. ①赵… ②耿… ③陈… ④崔… Ⅲ. ①宋彪 - 生平事迹 Ⅳ. ①K826.16

中国版本图书馆 CIP 数据核字（2018）第196854号

中国劳动社会保障出版社出版发行

（北京市惠新东街 1 号 邮政编码：100029）

*

北京华联印刷有限公司印刷装订 新华书店经销

880 毫米 × 1230 毫米 32 开本 3.625 印张 74 千字

2018 年 8 月第 1 版 2020年 1 月第 3 次印刷

定价：12.00 元

读者服务部电话：（010）64929211/84209101/64921644

营销中心电话：（010）64962347

出版社网址：http://www.class.com.cn

http://zyjy.class.com.cn

序一

赵建军先生将他编著的《宋彪的故事》书稿拿给我看，并想请我作序。我犹豫了一下，但还是愉快地接受了邀请。虽然我告知他要忙完这段时间我才有空动笔，可是我在工作的间隙忙里偷闲读完这部书稿后，还是忍不住欣然提笔。因为我一边读，一边情不自禁地想起备战和参加第 44 届世界技能大赛的那些日子。

在第 44 届世界技能大赛上，我国派出 52 名选手参加了 47 个项目比赛，共获得 15 枚金牌、7 枚银牌、8 枚铜牌和 12 个优胜奖，位居金牌榜、奖牌榜和团体总分榜首，实现历史性重大突破，是我国参加世界技能大赛以来的最好成绩，工业机械装调项目选手、江苏省常州技师学院学生宋彪，以全场最高分获得大赛唯一的“阿尔伯特·维达”奖。同时，中国上海成功申办 2021 年第 46 届世界技能大赛，实现了申办、参赛双丰收，完成了为国争光、为党的十九大献礼的光荣任务，为祖国和人民赢得了荣誉。

“阿尔伯特·维达”奖是以世界技能组织创始人阿尔伯特·维达先生的名字命名，用于奖励每一届世界技能大赛中获得所有参赛项目最高分的选手，堪称“世界技能的巅峰”“金牌中的金牌”。该奖项自 1995 年正式设立以来，至今总共只有 12 名选手获此殊荣。

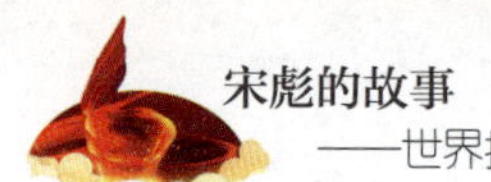

我国自2010年加入世界技能组织后，先后4次参加世界技能大赛，第44届世界技能大赛是我国参赛项目最多、参赛人数最多、取得成绩最好的一次。中国代表团能够取得如此优异的成绩，主要得益于以下原因：

一是得益于党和国家对世赛工作高度重视。习近平总书记亲自批准世赛申办工作，在世赛申办报告中致辞并在申办现场陈述时发表视频讲话。李克强总理专门会见来华考察的世界技能组织主席，表明了中国政府对申办世赛工作的坚定支持。国务院分管领导亲自负责世赛申办工作，多次主持召开专题会议，研究解决具体工作问题，并多次过问世赛参赛工作。人力资源社会保障部对世赛工作给予高度重视，上海市对申办工作倾尽全力。在大赛开赛前一天，中国上海成功申办2021年第46届世界技能大赛，极大地鼓舞和激励了中国代表团全体成员。

二是得益于我国技能人才工作环境日益改善。近年来，党和国家以及全社会都越来越重视技能人才队伍建设工作。党中央、国务院以及有关部门先后围绕加强产业工人队伍建设、加强高技能人才工作、加强职业培训促进就业、大力发展技工教育等出台一系列政策措施，职业培训大规模开展，各级各类职业技能竞赛活动蓬勃开展，技工教育实力明显增强，技能评价改革不断深化，全国技能人才规模达到1.65亿人，高技能人才达到4 791万人，技能人才队伍不断发展壮大，工作环境不断改善，带动更多青年选择走技能成才之路，也为青年技能人才脱颖而出创造了良好条件。

三是得益于我国科学备赛。自2015年8月第43届世界技能大赛结束后，我部就着手准备第 44 届世界技能大赛参赛工作。两年来，我们客观、公正地遴选技术指导专家、教练和翻译队伍，依托企业和院校合理确定集训基地，按照世界技能大赛技术标准和竞赛规则，公平、公正地组织开展第 44 届世界技能大赛全国选拔赛，全国 1 000 多名选手参赛，403 名选手入围国家集训队。2016 年 11 月至 2017 年 7 月，我们依托 93 个集训基地，完成选手集训和阶段性考核，最终选拔确定了 52 名参赛选手。在选手集训阶段，我们采取“走出去”“请进来”相结合的方式，开展世赛技术交流活动，精确把握世赛标准和规则要求，加强对选手技能操作的指导，增加选手参赛经验。此外，还采取多种措施，强化选手心理、意志、体能和外语训练，选手综合素质大幅提升，为取得优异成绩打下坚实基础。

四是得益于中国代表团每位成员的努力。选手们赛前克服困难，刻苦训练，赛中不畏强手，沉着应对，顽强拼搏。专家、教练、翻译组成技术团队，心往一处想、劲往一处使，密切配合、齐心协力，指导和带领选手进行训练和比赛，竭尽全力完成各项赛事工作，为取得优异成绩提供了有力支持。中国代表团所有工作人员，全力做好组织、服务、保障、联络、协调等工作，确保参赛工作高效、有序进行。

世界技能大赛被誉为“世界技能奥林匹克”，是最高层级的世界职业技能赛事，引领和代表着职业技能发展的世界先进水平。我国的参赛选手大都是技工院校培养出来的青年技能人才，能够代表祖国参赛并且取得优异成绩，说明技工教育大有可为，也从一个侧面展示了我国技能人才队伍建设所取得的成就。青年兴则国家兴，青年强则国家强。宋彪技能成才、为国争光的经历，将激励更多的青年学习一技之长、成就出彩人生。

我们期待当代青年中涌现出更多的“宋彪”！

是为序。

人力资源社会保障部职业能力建设司司长　张立新
2018年7月30日

序二

今年3月，我到江苏省常州技师学院调研，赵建军书记跟我谈起想编写一个关于世界技能大赛“阿尔伯特·维达”奖中国首位获奖者宋彪的读本，有别于一般宣传报道或教育类书籍，以故事的形式呈现。这个想法和我不谋而合。

国家有梦想，人民有梦想，出版人也有自己的梦想。我们的梦想就是，牢牢握住时代的脉搏，把最能体现时代精神的优秀代表的故事，最能代表这个时代共同梦想的作品呈献给我们的读者。

技能强国是近代一百多年来国人的梦想，更是改革开放到了攻坚阶段，由制造大国向制造强国迈进的现实需要。大力弘扬工匠精神，是强国梦的主旋律。我们正需要围绕工匠精神来做好文章。但是，如何选题，如何出版一本既有精神引领、又有推广价值，还有较强可读性的作品，是值得研究的课题。

世界技能大赛是最高层级的世界性职业技能赛事。2017年在阿联酋阿布扎比举办的第44届世界技能大赛上，在全团共同努力下，我国此次参赛不仅金牌榜、奖牌榜和团体总分均居榜首，来自江苏省常州技师学院的19岁小将宋彪还以全场最高分夺得“阿尔伯特·维达”奖，这是我国首次获得这项大奖，也是迄今为止世界上第12位获得该项大奖的选手。所以当赵书记提起，我的第一感觉是，这个人物值得一写。但如何写，我还是有几分担心，唯恐写成先进人物的事迹报告。一来报道已经不少，二来要考虑读者群体是否喜爱。

创作人员非常努力，很快拿出了成稿。前些日，稿子到了我手上，读后感觉耳目一新。首先，立足点比较实，着眼点就在宋彪这个人，把道理蕴含在故事之中，就避免了枯燥的说理；其次，故事情节有起伏、有波澜、有看点，真实地再现了主人公面临重重困难，心理波动、曲折前进的历程，不回避问题和不足，在不断克服障碍的过程中逐步成长、成熟，这样由“平民”成长起来的“英雄”更容易获得亲切感、认同感。此外，写作上打破了常规，既不是一般宣传报道，也不同于教材读本，通过对竞赛时和生活中细节的刻画，用蒙太奇的手法不断切换画面，深入人物内心，真实而全面地解析人物的成长经历。用武侠的境界来比喻技能的追求，颇为新颖，符合年轻人轻松阅读的趣向，让读者在愉快的欣赏中获得启迪。成功者身上有许多共性，但每个人的成功道路又有其独特性，甚至是不可复制的。宋彪的故事真实地反映了共性规律，也表现了人物身上独特的个性，包括一些偶发的小事——成功是由许许多多必然和偶然交织而成的。这一点书中展示比较充分，而没有夸大某些因素，拔高人物。

新和实，是这部书的显著特点。值得一读，是我的看法。

中国人力资源和社会保障出版集团有限公司党委副书记　冯政
2018年7月30日

目 录

Contents

序篇
说英雄，谁是英雄

古之立大事者，不惟有超世之才，亦必有坚忍不拔之志。昔禹之治水，凿龙门，决大河而放之海。方其功之未成也，盖亦有溃冒冲突可畏之患；惟能前知其当然，事至不惧，而徐为之图，是以得至于成功。

——宋 · 苏轼《晁错论》

“彪哥牛！”“彪哥牛！”“彪哥是我们的英雄！”

江苏省常州技师学院机械工程系 1406 班的教室里一片欢腾。

这是一个金秋醉人的早晨，北京时间 2017 年 10 月 20 日。

就在 20 日凌晨，也就是阿拉伯联合酋长国首都阿布扎比当地时间 2017 年 10 月 19 日晚，第 44 届世界技能大赛的闭幕式暨颁

奖仪式正在进行。

如果说领奖台是世界技能大赛的喜马拉雅山，金牌就是珠穆朗玛峰顶上的明珠，那么这一颗颗明珠中，最大、最璀璨的，当属“阿尔伯特·维达”奖。这个以世界技能组织已故创始人阿尔伯特·维达的名字命名的终极大奖，只授予每届大赛所有项目得分最高的金牌选手。因此，每届大赛只有一名选手可以获此奖项。自 1995 年设立该奖以来，至今仅有 12 名选手获此殊荣。

当第 44 届世界技能大赛所有金牌颁奖完毕，世界技能组织主席西蒙·巴特利缓缓走上颁奖台，喧闹的现场忽然沉寂。最具分量的大奖、巅峰上的巅峰、金牌中的王牌——“阿尔伯特·维达”奖即将揭晓。

“本届大赛‘阿尔伯特·维达’奖的得主是……”刹那间，时间停滞了，空气凝固了，所有的人都屏住呼吸，“中国选手——彪——宋！” 西蒙·巴特利浑厚的话音在场馆回荡。

全场骤然响起一片欢呼，在万众瞩目中，工业机械装调项目金牌得主——19 岁的中国小伙儿——来自江苏省常州技师学院的宋彪身披五星红旗，跑向领奖台。

从西蒙·巴特利手中接过“阿尔伯特·维达”奖杯，性格一向内敛的宋彪在转身面向全场观众时，突然纵情高喊了三声：“中国！中国！！中国！！！”

那一刻，全场沸腾了，大家欢呼着，为大奖得主宋彪，为他身后强大的中国。

世界技能组织主席西蒙·巴特利为宋彪颁发“阿尔伯特·维达”奖

消息第一时间传到学校，宋彪的班主任张文华老师立即把消息在全班发布，于是出现了开头这个场面。

全国许多媒体都竞相报道，一时铺天盖地。由于激动，以至于一些主持人还把这个项目当作体育竞赛项目，还有人把“工业机械装调”的“装调（tiáo）”念作“装调（diào）”。但是，“宋彪”这个名字，一下子家喻户晓。

攀上技能巅峰的宋彪已经获得一般人难以企及的荣耀，追寻他的成长经历，我们惊异地发现，他更像一名剑士的成长——尽管他没有练过剑术，只练过双节棍。或许许多领域登上成功之巅的人都有相似的共性：因浓厚的兴趣而产生的持久的专注，强大的意志力和克服困难的勇气，扎实的基本功和对技能的精益求精，沉稳的气质和抉择把控能力，关键时刻放手一搏的冲击力。

一个生性浮躁的人，一个心猿意马的人，无法成为剑道高手；同样，一个不爱动手的人，一个缺乏专注力的人，也无法在技能上取得成就。一个怯懦的人，一个畏惧艰险的人，面对强敌就丧失斗志；同样，一个没有意志力的人，一个不能正视困难的人，在技能的赛道上走不远。剑术的一招一式都是前人总结的经验，一个训练时不严密、技艺不精湛的人，实战中是极其危险的；一个满足于做得出来，不能在精细制作上超越别人的人，只能是普通的操作工。一个鲁莽的剑客，不懂得把握时机，不能合理攻防，进退失度，注定要失败；一个不能沉着应对、果断抉择、控制节奏的选手，在技能赛场上难免功亏一篑。遇上势均力敌的对手，在关键时刻的冲击力和瞬间细微的变化决定了你能否奠定胜局。

刚刚进入江苏省常州技师学院时的宋彪，只有 16 岁。他在安徽农村长大，一向沉默寡言，性格内向，成绩中等，不惹人注目。直到现在，他还是个说话带着几分腼腆的小伙子。此前，很多人大概不会想到，他能站上世界领奖台，成为攀上技能竞赛巅峰的一颗明星。到一切消息都被证实，依然有人惊讶、难以置信——他是个好孩子、乖孩子，但只是乖孩子。当初选他当班干部时，他还那样羞怯，怕管不了同学，没有人想过他是能够冲锋陷阵的战马。

然而他一路冲杀，证明了自己就是一匹千里马。

自古成功者，不外自身能力和外部条件两大因素。自身又有先天的灵性和后天的努力，外部则要看天时地利人和。宋彪的成功，有偶然也有必然，从后来的结果看，似乎所有的条件他几乎都占齐了；但其中有多少曲折，甚至离奇的经历，又岂是置身故事情节之外的人能够明白的！

追寻宋彪的成功轨迹，从当初的默默无闻、不显山不露水，到训练中的顽强拼搏、不断超越，最后登顶夺冠，呈现明显的三个阶段：

第一阶段，潜龙在渊，蛰伏蓄势。金庸所有的武侠作品都告诉我们一个道理：没有天生的高手，英雄都是磨砺出来的。无论郭靖、杨过，还是张无忌，起步阶段他们的武功并不突出，如果说有共同处，那就是天性淳厚，乐于助人，不喜欢争强斗狠，吃苦耐劳，基本功扎实。和长跑一样，要一直领跑并不容易，一路领先到终点的是极个别，处于第二方阵的队员往往后劲充足，在冲刺阶段反超赢得比赛。宋彪的小学、初中成绩就是处于中等状态。他不事张扬，性格温和，但不等于软弱，而是潜龙在渊，蓄势待发。

第二阶段，见龙在田，拼搏赶超。独孤求败的“剑冢”里有四把剑的位置，实际只有两把宝剑，第一柄剑“凌厉刚猛，无坚不摧”。进入江苏省常州技师学院，宋彪的求知欲大大增强，学习的自觉性显著提高。这是他“弱冠”前开始显峥嵘。他从默默无闻、刻苦努力到获得老师同学的普遍认可，获得技能大赛选拔赛资格，再一路过关斩将，最终成为工业机械装调项目代表国家参赛的唯一选手。

第三阶段，飞龙在天，重剑无锋。经过激烈角逐脱颖而出的

宋彪，进入厚重朴实大巧不工的成熟阶段。技能和剑道一样，最高的境界已经超越普通技术层面，能力无时不在，比赛经验了然于胸，到了这个境界，最关键的是你的心是否与这个事物相融，这样的话你是以自然之力来对抗别人。一切达到成功境界的人都不是仅仅倚仗什么机巧、利器，无非是信心、恒心，艰苦的磨砺和发自内心的感悟。性格淳朴沉稳的宋彪在短时间内完成了质的飞跃，在比赛时不再去考虑成败得失，不去考虑对手、条件，甚至赛场出现的意外，按照自己对比赛的理解，凭借自身技能的厚重，稳定发挥，达到忘我的境界。

宋彪的获奖证书及奖牌

说英雄，谁是英雄？

宋彪是英雄。宋彪背后的中国世赛项目团队是英雄，还有哺育他成长的亲人、母校……正在崛起的祖国！

撇开这些“高大上”的道理，我们聚焦在宋彪本人——一个才19岁的青年学生身上。相信读者朋友没有人爱看武松打猫的故事；鲁智深三拳打死镇关西的辉煌战绩也只能偶尔求个痛快。假如你买了一张价格不菲的票去看拳击比赛，结果开场1秒就KO（拳击用语，意思是击倒对手，knock out的英文缩写），爽死了，同时又会觉得这钱花得冤死了！我们要说的宋彪的故事，当然不想让你就看个1秒KO的结果，这里面有故事，有看点，还很入戏。他的成功之路曲曲折折，充满奇幻色彩，然而最后的成功又有着某种必然。

宋彪获“阿尔伯特·维达”奖后在颁奖现场欢呼

能够成功登上珠穆朗玛峰的勇士永远是少数，能够获得世界技能大赛“阿尔伯特·维达”奖的，更是屈指可数。当鲜花与掌声渐渐远去，我们又不得不冷静地思考几个问题：国内外技能高手如云，为什么最后站上世界技能大赛最高领奖台的是宋彪？一代技能高手的诞生与民族工业发祥地有什么联系？为什么培养出宋彪的是江苏省常州技师学院这所技工院校？

在欢呼声落下的那一刻，爱思考的人就在想这些问题。

第一章
技能界的华山论剑

沧海一声笑 / 滔滔两岸潮 / 浮沉随浪只记今朝 / 苍天笑 / 纷纷世上潮 / 谁负谁胜出天知晓……

——《笑傲江湖》影片歌曲

阿布扎比，我来了

2017 年 10 月 12 日，宋彪带着自己的梦想，带着学院的期望，带着“制造强国”的中国梦，跟随第 44 届世界技能大赛中国代表团飞往阿拉伯联合酋长国首都阿布扎比。

阿拉伯联合酋长国地处波斯湾，由迪拜、阿布扎比等七个酋长国组成，是西亚地区富裕的海湾国家，著名的石油之国、旅游之国。阿布扎比是阿拉伯联合酋长国的首都，也是阿布扎比酋长国的首府，位于阿拉伯联合酋长国的中西边海岸，波斯湾的一个"T"字形岛屿上。

阿布扎比是一座风景美丽的海上城市，一幢幢摩天大楼拔地而起，宛若矗立在海上的水晶柱；规整的花圃繁花似锦，空气清新宜人。这里的旅游业相当发达，在一些比较重大的会议和贸易博览会期间，饭店宾馆的客房使用率可以达到百分之百。近年来，人均 GDP 排名世界前十。扎耶德清真寺是阿布扎比最大的清真寺，世界第三大清真寺，也是伊斯兰国家中唯一容许女性从正门进入的清真寺。这个国家的开放包容性由此可见一斑。

来到这座美丽繁华的国际大都市，宋彪的心里并不轻松。他明白，一场激烈的竞争即将展开，那将是前所未有的挑战。国际大赛，犹如一座巨峰，费了这么大力气，已经登上了最后的阶梯，要么冲上去征服它，要么被征服。

海风。海浪。天空是那样高阔，举头遥望，海天苍苍。在中国的江南地区，十月被称为金秋，天高气爽，但海湾地区却依然燥热。宋彪跟随中国代表团，迈步走进酒店驻地。那个酒店住着三个国家的代表团，到赛场去乘大巴大约需要 20 分钟。

中国代表团派出了 52 名选手参加 47 个项目的比赛。这是我

宋彪初到阿布扎比

国参加世界技能大赛以来，参赛人员规模最大、参赛项目最多的一次。中国代表团此次派出的选手将参加运输与物流、结构与建筑技术、制造与工程技术、信息与通信技术、创意艺术与时尚、社会与个人服务等六大领域 47 个项目的比赛。其中男选手 44 名，女选手 8 名，年龄最大的 25 岁，最小的 18 岁，平均年龄不到 21 岁。在第 44 届世界技能大赛中，来自世界技能组织的 68 个成员国家和地区的 1 260 多名选手将参加 52 个项目的激烈角逐。各路高手云集，谁能问鼎，本届技能竞赛是一场真正意义上的华山论剑。既然来了，目标就是冲顶。宋彪从心底发出呐喊：阿布扎比，我来了！

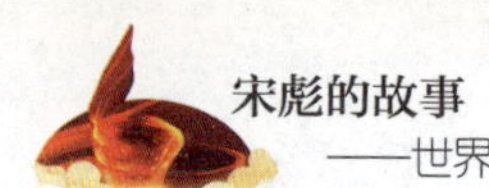

国家代表团到达阿布扎比

异国他乡，万里征程，宋彪的内心久久不能平静。尽管有国家代表团同行，有自己母校的领导亲赴阿布扎比来加油鼓劲，临赛前还是感到暴风骤雨降临前一般的紧张、沉闷。宋彪深味着领队的嘱咐，要坚定信心，不畏强手，展示出自己在一次次选拔赛中练就的技能水平和良好的精神风貌；要专心致志，沉着冷静，把压力变成动力，用平常心来对待激烈的竞争，集中精力把握好比赛规则和技术要求；要认真细心，注意安全，追求完美，精益求精，用质量更好、精度更高、更符合技术规范的作品获得更好成绩。

但是，中国代表团毕竟还是近几届才参加大赛的新军，一些参赛选手对当地的气候环境也感到不适应。特别是伙食，来自不同国家不同地区的参赛选手饮食习惯差异太大，各项目组准备情况也不一样。我们的代表团成员多数就早上吃两个面包，中午基本是喝杯咖啡，再吃几枚巧克力补充能量，到晚上才找当地中餐店，吃上一顿中国味的晚餐。

生活条件并没有对选手造成太大影响，用宋彪的话讲，当时心思都在比赛上，没有太在意其他。本来 10 月 10 日的飞机，由于航班延误，到达阿布扎比已经是 12 日晚上，到了酒店安排好住宿就抓紧休息了。

酒店的卧房临街，窗外的车流来来往往，宋彪久久不能入睡。他努力告诫自己：要养足精神，艰苦的比赛即将开始。拼命训练了这么久，为的就是这一搏！

然而，置身喧嚣的国际大都市，离家万里，尽管脑子里塞满了比赛事宜，一旦安静下来，似梦似醒，潜意识中浮现出家乡的模糊影子……

宁静，平凡，恬淡，悠远……

留守儿童的底色

那是安徽省蚌埠市怀远县的一个小村庄。

怀远县位于安徽省北部，淮河中游，素有“淮上明珠”美誉。怀远是大禹治水、召会诸侯之地，拥有天下第七泉——白乳泉、皖北地区规模较大的明清古建筑群、卞和洞等名胜古迹。怀远花鼓灯艺术被列入首批国家非物质文化遗产保护名录。但这一切，和幼年的宋彪似乎没有什么关联，农民家庭的孩童不懂什么历史文化，他的家乡小村平平淡淡，平凡到几乎没有什么书籍中出现过它的名字，在地图上寻找也要花很大工夫才能找到。可以让他感到一点点自豪的，就是有个近邻叫小岗村。小岗村是中国改革开放前夜悄悄先行动起来的农村改革排头兵，是中国农村改革发源地，中国十大名村之一，“沈浩精神”起源地。1978 年，十八位农民以“托孤”的方式，冒着极大的风险，立下生死状，在土地承包责任书上按下了红手印，创造了“小岗精神”，拉开了中国改革开放的序幕。

作为邻居，经济水平却不一样。宋彪的家庭条件一般，爷爷奶奶守着农田，宋彪出生后，家里人口增加了，开销也加大。为了提高家庭经济收入，父母在他刚两岁时就远离家乡，外出打工。幼年的他，跟随爷爷奶奶生活。在长达十五年的幼年、童年、少年时代，他是不折不扣的“留守儿童”，一般孩子享受的家庭温暖对他而言就是难得的“奢侈生活”。

爷爷、奶奶对孩子的呵护十分周全，就连下地干活也要把小宋彪带上。于是，玩泥巴就成了他最初的游戏。实在无聊，就默默数着过去的日子，有时仰望天空遐想，看着白云如奔马驰骋在空中，幻想自己成为手执钢鞭骑在马上的勇士。宋彪是属虎的，他也希望自己生龙活虎，活得虎虎有生气。在单调的生活环境里，他逐渐养成了勤于动脑动手、敏于观察琢磨、讷于言辞的个性。

上小学了，村里的学校离家很近，只有几百米的距离，课余时间就是玩。和绝大多数孩子一样，没有家长的严格督促，自觉钻研功课的可能性是很小的——贪玩是所有孩子的共性。只是有的孩子受约束多一点，有的相对自由一点；有的会偷偷玩，有的可以公开玩；有的喜欢疯玩，有的喜欢闷玩。宋彪就属于爱闷玩的那种。农村老人能够照应好孩子生活，就是尽到了责任。不过，宋彪爷爷奶奶的家教却有独到之处，呵护的同时，在行为习惯、待人礼貌、判别是非等容易被人忽略的细节方面，对宋彪的培养相当成功。人们常说，学做人比学知识更重要，这在宋彪身上就实实在在地反映出来了，而一些眼光短浅的人总认为这是句空话。学业成绩平平的宋彪在品行上从小一直受到大家赞赏，无论小学、初中，还是进入技师学院，同学对他的评价都是性格随和，做事认真仔细，乐于助人，有较强的自制能力。

从不惹事的宋彪不会给老师添麻烦，还比较听话，但学习成绩平平，在以分数为最高评价标准的应试教育体系中，他也得不到更多的赞誉。在老师眼中，就是多他一个不嫌烦、少了他也不容易察觉的不受关注的学生。

他跟同伴的关系很和睦，小时候的玩伴多少年之后还很亲热（在获得大奖成了“名人”后，他还跟当年的小伙伴聚会，分享自己的喜悦呢）。他的“内向”“腼腆”主要是在长者面前，或者陌生人面前；小伙伴对他的印象却是开朗、幽默。透过这些看似矛盾的表现，我们可以发现，宋彪富于内心体验，不好表现自己。他的作文不华丽，却有条理，也不乏机智。

除了跟小伙伴玩，他更喜欢闷着头自己玩——当然，家庭经济条件不算太好，没有高档玩具，但他却有特殊的玩法——一切眼前的东西都可以玩。他当起了“小拆匠”，家里的用品只要能拆的，

都拆了装，装了拆。最可怜的是小闹钟，被拆成一堆零件，可幼小的他还不能组装起来，闹钟就报废了。这也许是不少孩子都做过的事，往往受到家长的严厉责备，最终放弃这项“有危害”的活动，去玩父母规定的玩具；但宋彪很幸运，还有机会继续玩。终于，小闹钟不再报废，而是在他手上成功地“复活”。

在远方打工的父母一年只能见一两次面，出于对孩子照料不到的愧疚，偶尔也会买一些玩具作为补偿。宋彪却有跟别的孩子不一样的玩法：不是照通常孩子那样玩游戏、打枪、玩小车……他的嗜好就是拆，拆了再装……父母买的玩具总会被拆掉，再想办法给复原，他还不懂得其中的原理，但能体验拆装的过程。熟读唐诗三百首，不会作诗也能吟。在反复的拆装中，熟能生巧就是练成手上功夫的秘诀。

许多时候就是在摸索中获得经验，而不是先有理论指导。宋彪说：“我特别享受这个过程的快乐和喜悦，我也特别佩服那些技术工人利用手中的工具，变出一个个‘漂亮’的零件，组成一台台‘灵活’的机器，完成一项项伟大的工程。”稍大一点，玩具车的发动机装配已经十分娴熟，只要有零件，组装一部玩具小车毫不费力。

这成为宋彪后来不鸣则已、一鸣惊人的源头。这时的他，质朴、淳厚、平凡，他的天分还没有被人发现，传统教育评价体系中的“优秀”似乎离他很遥远。用他自己的话讲，他是“属于平凡到不容易让老师记起的那类学生”。但也有人说，没有玩过泥巴的孩子等于没有童年，相比那些被父母强压着上学前班、各种补习班的孩子，“留守儿童”宋彪的童年又是幸运的，有色彩的……

正是这样的童年，才有了实现华丽转身的希望。

天亮了，在阿布扎比的征程开启了。

为了调节气氛，在进入紧张的比赛前有个缓冲，第二天，大赛组委会安排参赛选手和来宾旅游观光。在参观了清真寺和附近的历史建筑之后，多数选手放弃了旅游，开始为比赛做准备。宋彪和专家教练团队一起，研究赛场可能出现的情况，琢磨每一个细节。

宋彪所参加的工业机械装调项目，团队里一同来到阿布扎比的有中国专家组组长宋军民，教练杭明峰、戴文博和翻译李莎。

世界技能大赛工业机械装调项目比赛共分为 5 个模块，包括机械加工、焊接加工、齿轮箱拆检、电气预防性维护、装配与调试。赛程为 4 天，累计比赛时间为 20 个小时。这是一项复合程度很高的比赛项目，要求选手具备扎实的多工种知识和技能基础，并具有较强的综合运用和应变能力。每个环节之间怎样安排，团队反复揣摩着，毕竟预先不知道赛题，只能尽可能设想多一点应对措施。

第 44 届世界技能大赛开幕式现场

最让宋彪紧张和期待的是比赛前一天下午，赛题和样机揭晓的那一刻，随着大家呐喊着“three，two，one”，第 44 届世界技能大赛工业机械装调项目的样题终于展现在大家眼前。这一刻，宋彪的心情反而平复下来。在接下来的半个小时里，他和项目专家宋军民席地而坐，一起仔细研究了样机的每一个细节。

巅峰对决

当地时间 10 月 14 日晚，第 44 届世界技能大赛在阿布扎比正式开幕。来自世界技能组织的 68 个成员国家和地区的 1 260 多名选手，参加 52 个项目的激烈角逐。

帷幕正式拉开，宋彪从容走进赛场。

第 44 届世界技能大赛开幕式（左二为宋彪）

世界技能大赛（World Skills Competition, WSC）是最高层级的世界性职业技能赛事，每两年举行一届，每届大赛由世界技能组织和主办国联合举办，被誉为“世界技能奥林匹克”，其竞技水平代表了各领域职业技能发展的世界先进水平。根据世界技能组织规定，参赛选手一般不得超过 22 周岁，个别项目可放宽到 25 周岁。世界技能大赛首届比赛于 1950 年在西班牙首都马德里举行。

一个国家或地区在世界技能大赛中取得的成绩在一定程度上代表了这个国家或地区的技能发展水平，反映了这个国家或地区的经济技术实力。世界技能组织主席西蒙 · 巴特利指出，世界技能大赛能够向全世界的老师、家长、雇主展示“工匠精神”和职业技能培训的价值，让家长和老师意识到，通过职业教育，自己的孩子或学生也可以找到满意的工作，与受到普通教育的毕业生没有任何差别。

我国于 2010 年 10 月正式加入世界技能组织。那一年召开的世界技能组织全体大会对于中国的技能发展具有里程碑意义。2010 年 10 月 3 日至 10 日，中国代表团一行 6 人赴牙买加首都金斯敦参加了世界技能组织召开的 2010 年世界技能组织全体大会，大会于 2010 年 10 月 7 日表决通过，正式接纳中国加入世界技能组织，中国成为该组织的第 53 个成员。

2011 年 10 月，中国代表队首战伦敦，参加了第 41 届世界技能大赛 6 个项目的比赛，获得 1 枚银牌和 5 个优胜奖；2013 年 7 月，在莱比锡举办的第 42 届技能大赛上，中国代表团参加了 22 个项目的比赛，获得 1 枚银牌、3 枚铜牌和 13 个优胜奖；2015 年 8 月，中国梦圆巴西，在圣保罗举行的第 43 届世界技能大赛上，中国代表团参加了 29 个项目的比赛，获得 5 枚金牌，6 枚银牌，4 枚铜牌和 11 个优胜奖，实现了金牌零的突破，初步向世界展现了“中国制造”的实力。

2017 年 10 月 13 日，世界技能组织全体成员大会在阿拉伯联合酋长国首都阿布扎比宣布，2021 年第 46 届世界技能大赛将在中国上海举办。当地时间 13 日下午，在大会确定上海取得举办权前，国家主席习近平通过视频向大会致辞，代表中国政府和中国人民表达对上海市举办第 46 届世界技能大赛的坚定支持，承诺上海一定能为世界奉献一届富有新意、影响深远的世界技能大赛。他指出：“世界技能大赛在中国举办，将有利于推动中国同各国在技能领域的交流互鉴，带动中国全国民众尤其是近两亿青少年关注、热爱、投身技能活动，让中国人民有机会为世界技能运动发展做出贡献。

中国政府高度赞赏世界技能组织的发展宗旨，愿意积极参与各项活动，继续为全球减贫和可持续发展做出更大贡献。中国政府将全面兑现每一项承诺，全方位践行世界技能组织 2025 战略。”

对于许多获奖选手来说，世界技能大赛将他们送上了“人生之巅”——他们有出身贫寒的农家子弟，有从洗发工做起的理发师，有曾是沉迷游戏的“顽劣少年”，而桂冠加身后的他们，有的拿到了百万元奖励，有的享受高级工程师待遇或国务院特殊津贴，可以说由于技能精湛而成功“逆袭”。

多少选手为了拿到比赛的入场券一路血拼，夺取技能界“华山论剑”的资格。这里展开的，将是一场巅峰对决。

第二章
破局

古今之成大事业、大学问者，必经过三种之境界：“昨夜西风凋碧树，独上高楼，望尽天涯路”，此第一境也；“衣带渐宽终不悔，为伊消得人憔悴”，此第二境也；“众里寻他千百度，蓦然回首，那人却在灯火阑珊处”，此第三境也。

——王国维《人间词话》

珍珑局

随着赛题亮出，神秘的面纱终于揭开了。但是，规则规定，只允许教练组和选手用眼睛看，用脑子记，不允许抄写或者拍摄。

比赛的命题都是组织者精心设计的，要全方位考验比赛选手的理解能力、各种工艺的水平，犹如珍珑局，解题者就像陷入迷宫，不能找到破解的方法，就会困在其中。《天龙八部》中无涯子设下的珍珑局让多少高手一头扎进去百思不解，最后被不懂棋理的虚竹乱填一子误打误撞给破解了。所谓珍珑局，是围棋高手精心设计，需要打破常规思维，运用特殊手段（围棋术语把这种技巧叫作“手筋”），才能得到正解的高级智力题，破解的途径往往是唯一的，而且通常是高手们的盲点。

虚竹的成功是偶然，武侠小说被称为“成年人的童话”，讲的是无巧不成书；但宋彪不是虚竹，他要凭借的不可能是运气。技能江湖，实力就是一切！

工业机械装调项目是一个新的世赛项目，在 2015 年的第 43 届巴西圣保罗世界技能大赛中，这个项目还只作为表演赛。本届世赛该项目的特点是“新”——没有相关的比赛资料可以借鉴，可以参考的只有第 43 届世赛该项目的表演赛；难点是“暗”——没有样题，没有模拟训练题，比赛题目要在正式比赛时才能看到。赛前唯一能够获得的资料是该赛项目的项目经理克雷格先生在世赛专家论坛上发布的简短的《测试项目文件》。最终整个的备战过程用“摸着石头过河”来形容是最恰当的。

《测试项目文件》内容包括三个部分，一是《项目介绍》，二是《项目描述》，三是《项目构成》。《项目介绍》的内容是“该项目是在巴西圣保罗大赛结束后的讨论会上构思产生的。所有的工业机械装调专家一致认为，应该产生一个真正可持续的项目。我们已经实现了这一目标，即向发展中国家提供踏板动力水泵净化系统"。《项目描述》的内容是"利用所提供的工程图纸、指令、机床、辅助工具和设备，按照规定的公差要求制造踏板动力水泵净化系统"。在《项目描述》里还简单地描述了例如车削加工、铣削加工、焊接加工等技能的技术要求、材料类型等。《项目构成》的内容是"焊接 MIG/MAG 与制造（3 小时）、机械加工（车削加工 / 铣削加工，3 小时）、拆卸 / 检查 / 记录 / 重装齿轮箱或泵（1 小时）、踏板动力水泵净化系统的机械装配（10 小时）、独立电气 / 预见性维护（3 小时），比赛时间共为 20 小时"。

赛前，专家、教练初步预计比赛由两大部分组成：一是制造踏板动力水泵净化系统，二是进行独立电气 / 预见性维护。制造踏板动力水泵净化系统是主项目，焊接与制造、机械加工、机械装配等工作都是为了完成踏板动力水泵净化系统并实现其功能；拆卸 / 检查 / 记录 / 重装齿轮箱或泵和独立电气 / 预见性维护是辅助测试项目。

从以上可以看出，这个项目不仅仅是新，而且综合性强，要运用多种工艺、多种技能；对选手的理解力、精细度、持续作战能力都有相当高的要求。

在工业机械装调项目的《测试项目文件》里，对训练起到实际导向作用的是《项目描述》指出的 10 个技能大类，内容有：

⊙**车削**——(CRS 1020，冷轧钢 1020) 车端面，平行车削，倒角，锥度车削，切槽或切断，钻中心孔，钻孔和攻螺纹等，上下极限偏差 ±0.025 mm。

⊙**铣削**——(CRS 1020，冷轧钢 1020；铝块和铝板) 铣槽，钻孔，攻螺纹，铰孔，锪孔，锥形扩孔等，上下极限偏差 ± 0.025 mm。

⊙ **MIG（MAG）焊接**——焊接箱型断面（方形 / 矩形），壁厚为 2 ～ 4 mm 的中碳钢材料。

⊙**制造 / 装配**——计算，布局，切割，用 MAG 焊进行工件准备，上下极限偏差 ±1.5 ～ 2 mm。

⊙**减速或增速齿轮箱**——拆卸，检查，记录，更换零件，重新装配；部件再装配，安装。

⊙**离心或容积泵**——拆卸，检查，记录，更换零件，重新装配；部件再装配，安装。

⊙**机械装配**——包括用组合角尺、划线器、中心冲、高度规等钻孔、铰孔，用手工工具（锉刀、钢锯、手钻等）攻螺纹；链条或带传动，准备链轮和滑车轮，钻孔，攻螺纹，镗孔，拉削，安装，张紧，校准（激光或刻盘表），检测和调试运行。

⊙**弯管**——不锈钢或者铜管计算，弯管，装配和安装。

⊙**电气和预防性维护**——电气转换驱动器或小型电机必要的电气检查和电气部件的更换组装。使用振动分析仪、热成像仪、诊断记录仪、电气测量设备和激光校准设备对小型工业设备上的联轴器和轴进行对中。

⊙**安全工作程序**——最佳实训议定书，“锁定”等。

通过分析这 10 个技能大类中对材料、设备、仪器、工具、量具、精度的要求，可以发现工业机械装调项目是立足于多个基本技能下

的多工种有机结合的比赛。

对手都是无影飞侠

比赛规则非常严格，环境氛围也异常神秘。所有参赛者的工位之间都保持相当距离，而且开赛的时间都错开，进入赛场的宋彪绝对不知道自己对手的情况，但有一点他非常明确，能来到这里的，个个都是高手，如果稍有疏虞，就功败垂成！

当赛题亮出，教练可以和选手一起商量半小时，在这半小时的时间内，各选手需要根据自己的情况，制定出简单的工艺路线，并不断地完善和细化，形成合适的加工工艺。到了场上，则全看选手的发挥。

一路搏杀来到阿布扎比，尽管场上气氛紧张，宋彪表现得仍很从容。在临赛前抽签时，工业机械装调项目的中国专家组组长宋军民为他抽了个好签，8号工位。“8”，在中国文化传统中是一个吉祥数字，谐音是“发”，虽然

宋彪和工业机械装调项目中国专家组组长宋军民、翻译李莎在8号工位

比赛拼的是实力，但有时心理影响也是不容否认的。好的“兆头”给人一种心理暗示，“发”起来，一飞冲天，不正是此刻最大的期待么?

进场后到了工位前，他全神贯注。没有啦啦队，没有亲人，没有人喊一声加油助威……除了裁判，身边没有可以给自己提供任何帮助的人。就连时刻关心着赛场的教练和项目组的人员也被隔离在外，只有专家组组长宋军民和翻译李莎在场馆内远远能看到他。对手也都是“无影飞侠”，不在视线范围，就连命题都是一般人闻所未闻。如何应对，只有发乎一心。

世界技能大赛的工业机械装调项目，综合性强，对技能的实用性要求高，而且必须展示多种技能。

更关键的是，这个项目列入正式比赛是第一次，不要说作为参加选拔的选手，就连专家、教练都对此很陌生。专家组组长宋军民这样回忆道：

“记得在2016年年初拿到本项目的技术文件时，心中一头雾水，当时翻译过来的项目名称还是叫工业机械安装，文件是直译过来的，根本就看不明白，对本项目应当比哪些内容、对选手有什么要求、比赛的特殊规则要求是什么，根本搞不明白。拿着技术文件咨询很多行业、企业、院校的专家、技术人员、教授，各说各理，各人有各人的理解。没有办法，找了两个翻译，对技术文件重新翻译，翻译根据词意进行描述，我根据词意的描述，分析理解是指什么动作和能力，再转换成我们通用的专业名词进行表述。这样大约花了将近一个月的时间才把技术文件重新翻译完成。”

为了能夺取好成绩，专家教练们也花了大力气。

首先通过对技术文件的解读，理解了本赛项的竞赛内容和选手的能力目标要求，但技术文件也只能了解竞赛内容和选手能力要求，如何达到这样的目标要求，用什么载体（课题）来训练选手，用什么样的工具、什么样的检测量具，就连专家教练都是一片空白，对宋彪来讲更是一片茫然。

由于这是一个新赛项，几乎没有可以借鉴的材料，基础设施清单中提出的很多工具、量具、设备我们国家都很难找到，有时也不知道是什么东西。为了给选手营造一个好的训练环境，在基地的建设中，为选手准备工量具清单时是拿着基础设施清单对不清楚的工具、量具跑外企或合资企业，找企业外方的技术员，问这个是什么工具，这个工具的功能是什么，就这样一个个地问，一个个地找，搞清楚每个工具、量具的名称、作用，并通过外购、代购等途径配齐了所有的工具、量具以保证选手的正常训练。

训练课题的开发是教练团队遇到的最大难题。世赛的竞赛内容跟我们平常的比赛完全不一样，特别是这个项目，它是把车工技术、铣工技术、钳工手工加工技术、焊工技术、电工技术、钣金技术、装配检测技术进行高度的融合，制作完成一个机构，实现运行传动和功能要求。单项技术课题的开发对我们大家来讲都不是问题，但要把这么多工种、技术进行融合制作，设计出合理的机构对整个中国世赛专家组来讲确实是一个难题，特别是在全国选拔赛中，为了选出最好的选手，设计的课题必须要有一定的难度，更要有一定的梯度。在3进2、2进1的四次考核中，必须设计出四个机构，为了完成四个机构的设计和开发，查阅大量的资料，走访大量的企业，把所能拆解到的机构和设备都拆解了一遍，总算完成了四个选拔试题的设计。后来在与加拿大专家交流时，他们看到我们团队所设计的选拔试题都竖起大拇指。

人家是怎样组织训练的？都有哪些绝活？这些都是背对背悄悄进行的，谁不希望能够研究出最具杀伤力的终极武器，在比赛时刻完成绝杀？这秘诀比之“九阴真经”“独孤九剑”，其神秘不逊色分毫！

当然，作为直接操作的参赛选手，宋彪也是从毫无认识到深入理解，凭着一股钻劲儿和拼劲儿，渐入佳境，最终出色地掌握所有程序。在技术和能力上他不断提升，教练为他的成长感到欣喜。如今真正到了临战的一刻，自己是否具备了问鼎的实力？到了过招验证的关键时候，如何淋漓地发挥，才能把全部所学施展出来？这又有环境影响和心理素质的作用。这也往往是比赛型选手和普通选手的根本区别。体育比赛中我们常看到这样一种现象：有的运动员训练成绩很好，有时甚至超了世界纪录，可在重大赛事中总拿不到理想的名次。

宋彪的基础原先只是一般，进入决赛更是一波三折。从以往的经历看，之前参加过一次国内比赛，第一轮就被淘汰了。但在集训中，他上升很快，一路过关斩将，杀进总决赛。他已经具备了一名优秀的比赛型选手的心理素质。

然而，在全世界高手汇集的世赛场上，又是在根本不知道对手任何信息的情况下，手握利剑，却看不见那些“影子武士”“无影飞侠”，要说没有分毫紧张感，恐怕任是顶尖高手也难做到的。

放松，缓和情绪。他告诫自己。

有如烈日下一朵白云飘过，带来一阵清凉；那个曾经平淡到不容易被人记起的少年，经历了多少场搏杀，现在，不过是再来一次！

宋彪在世赛现场

马拉松式的比赛

4 天的赛程，比的不仅是技术，还要比持久的耐力，比节奏安排的合理性。这和马拉松比赛有惊人的相似：既要有实力的保证，又要有合理的体能分配和战术调整。有人起跑就像百米冲刺那样，不久就体能下降被甩到后面了；也有人一路领跑，最后却被反超。

不单是现在的赛场，从参加预选赛一路走来，整个过程就是一场马拉松。

宋彪还没有过一路领先的纪录。跟得上，咬得住，就成功了大半。能不能反超，要看最后的冲刺。从参加学校选拔的“起跑”开始，他一直不是最突出的选手，每次“超越”，都是咬住领先的选手，渐渐挤进第一方阵。进入国家集训队时，也仅仅是第三名，不仅有两名高手在领跑，身后的三位选手也在贴身紧追。超越了国内的竞争对手，还有国外的高手在前头。热身赛上，他曾被澳大利亚的优秀选手甩下一大截。但他已经清楚地知道自己的主要对手是谁、实力如何，现在已经到了“冲刺”阶段，要做的就是每个环节都做到最好，争取超越、取胜。

宋彪不疾不徐，完全按照自己的节奏发挥。别人怎么出招，采取怎样的战术，此刻都置之度外。任何战术都是需要实力来保障的。宋彪不敢说自己有超越所有对手的绝对实力，特别是国内选拔时的淘汰赛，在最后争夺唯一出线名额的比赛中惊险胜出，如果不能取得奖牌，就无颜面对失去参赛机会的选手了。这是宋彪本人的压力，也是江苏省常州技师学院必须承受的压力。但毕竟，他是一路过关斩将拼杀出来的，在大赛中的心理承受能力已经经过多次锤炼。

不错，背后有强劲的后盾，足以抵抗压力。自己的团队，自己的学校，自己的祖国。尽力，只要尽力！

第一天主要展现的是焊接技能，进行车架的预制。一切都按照预先设计好的流程进行，非常顺利。

宋彪学的是“模具设计与制造”专业，本来焊接技术并不是这个专业所学的重点，为了比赛，他在学校集训时花了不少力气额外补课，为此还曾经“光荣负伤”。

那是2016年6月，宋彪被学校选中，获得了参加第44届世界技能大赛江苏省选拔赛的资格。世界技能大赛是个什么样的比赛？技能水平要达到什么要求？一个普通的技工学校的学生，能登上世界舞台吗？漫长的马拉松才刚刚迈出第一步，这些过去从来没有遇到过的问题横在眼前。

如此高规格大赛的参与机会，是所有想在技能上一显身手的年轻人梦寐以求的，但机会难得，一个项目给每个国家的名额只有一个。

对宋彪而言，要说这次机会来得也真有点“宿命”，既有本人的努力，有学校对他前面努力的认可，也有意外的幸运。之前他也曾尝试参加另一国内赛事的另一项目比赛，在第一轮筛选时就被淘汰了；在学校集训队最初选拔的候选人中，他年纪小，进队时间短，功底不是最强，但一段时间下来，老师发现，当其他队员早早散去，他还一个人留在那里坚持训练，不但刻苦，还特别虚心，常常提出问题来请教，每个环节都十分细心，而且每次操作完成后都收拾得干干净净。就这样，他的刻苦、毅力、意志和一丝不苟的精神给指导老师留下了很深的印象。他的主教练杭明峰曾经笑称：发现这棵苗子，颇有一点“种豆得瓜”的意外惊喜。原本是在其他选手不尽如人意的情况下，让这棵还不够强壮的新苗去冲击一下的，居然一举成功。当然，教练看中的就是他的毅力、耐心和细心。个人的天赋和潜力是成功的重要条件。从他孜孜不倦的精神中，教练发现了他的天赋和潜力。

宋彪深知这个机会来之不易，非常珍惜这提高自己技能水平的一次绝好机会。他暗暗制定目标，要尽自己最大的努力，争取取得参加全国选拔赛的资格。心中有目标，自然就有了方向和动力。

训练是十分艰苦的。当时正值暑假，队员和教练都放弃假期，顶着 40℃的高温在车间里训练，没有一句怨言，只有你追我赶。一次焊接训练时，出现意外——由于防护没有到位，宋彪的脖子被电弧灼伤。教练让他回家休息几天，一向听话的他这回没有听从劝告，因为还有一个月就是江苏省的选拔赛了，这个时候回家休息就等于放弃了比赛。就这样，他带着伤训练了一个月。盛夏酷暑，车间里的温度更高，汗水顺着脸颊往下淌，伤口的愈合格外慢。他的坚持和努力打动了教练，这期间教练对他非常照顾，每天都会关心他的伤势情况，对他的指导也更加细致、耐心。

省一级的选拔如期举行，宋彪以第一名的成绩，取得了代表江苏省参加全国选拔赛的资格。

就这样，焊接技术也成为他很有底气的优势项目。

当宋彪完成当天的赛事信步走出，一直等候在外的教练们迫不及待地迎上去问长问短。

少年老成的宋彪非常平静，中午全神贯注在比赛上，只喝了杯咖啡，吃了几颗巧克力，现在他可以缓一缓精神，去享用中国味的晚餐……

宋彪在阿布扎比住地

第三章
易筋洗髓

用心贵乎至诚，不以好高自欺；操行贵乎笃实，不以立异骇俗；造道贵乎力行，不以空言惑众。……画地为饼，失救于饥；贮絮三千，失益于寒。学而不务实，其无用亦犹是也。……是以学必可用，而用则有功。

——宋·唐仲友《学论》

子承父业

第二天比赛要完成的内容主要是使用车、铣技术，继续完成预制车架。赛前有十五分钟的时间可以和教练交流，而到了场上遇到问题只有通过翻译向大赛项目负责人反映。

车、铣是机械专业学员的看家本领，只要不出意外，过这一关也应该没问题。

当初，宋彪家里虽然经济拮据，玩起“拆装件”却有着特殊便利——父亲是从事机械方面劳动的，家里常有一些报废的电动机等废旧物品，宋彪也有了更多的练手机会。所以他的小学、初中阶段学业成绩虽平平淡淡，手上功夫却不含糊。

我们相信成功靠的是勤奋，但也不可否认，天性往往起着重要作用。父亲的工作对宋彪有多大影响，我们不能得到精确的答案，但肯定是有关系的。生活环境中有他熟悉的东西，他对机械的兴趣远比对其他事物来得浓厚。到了初中，天性中的特质在学习中也渐渐反映出来。和大多数男孩一样，他怕记怕背，英语拖了总成绩的后腿；而在各门学科中，物理是他的强项。他爱动脑，爱摸索，进入技师学院后，同学发现他对各种工具十分熟悉，对机械加工的刀具材料居然也相当在行。这不能不说他的“家传”有重要影响。虽然那还谈不上高超的技能，但毕竟见识过，而且由衷的热爱深入骨髓。

到中考时，宋彪总成绩平平，刚刚达到普通高中的分数线。拿到成绩单，父亲跟他聊了很多很多，从父亲的经历和想法中，他懂得了父母在外打工的艰辛，了解了父母对自己的期望和对他的爱。宋彪回想起当时的情景，说：“他们希望我做一个有责任、有担当，能对社会做出自己贡献的人，最起码以后要能凭自己的劳动和知识养活自己，养活家人。”父亲的谈话，让他一夜无眠，突然觉得自己长大了许多，也让他明确了目标，深深理解了“有付出才可能有收获，没有努力哪来成功”。

他向父母提出了不上普通高中，而选择职业技术学校的想法。父母也没有强求他去念高中，尊重了他自己的选择。能做好一名技术工人也有饭吃。他暗暗下定决心：“既然不能拿好笔杆子，一定要拿好工具。”

兴趣是最好的老师。在选择专业时，他毫不犹豫填写了“模具设计与制造”专业。子承父业，注定他要跨进机械行业的大门。

刚到普高的分数，进高中固然是勉强能够踩线，而上职业技术学院则有较大的挑选余地。也许是冥冥中注定，也许是特别的机缘，宋彪选中了江苏省常州技师学院。这是一所全国示范性职业学校，是江苏省重点技师学院，条件不错，又有他喜爱的专业；更巧的是，学校的所在地就在父母长年打工的城市！小时候和父母聚少离多，本来离开家乡要到外地求学难免有陌生感，这一来不但没有异地他乡的孤单，反倒常能和父母相聚，弥补了从前的缺憾。

就这样，17 岁的宋彪踏进了江苏省常州技师学院的大门，开始了全新的生活。

江苏省常州技师学院传技广场

挺身而出的“彪哥”

进入江苏省常州技师学院是宋彪人生的重大转折点。机械工程系模具设计与制造专业 1406 班，成为他新的“大家庭”。

宋彪给人的印象，与通常人们心目中“成功人士”“英雄人物”的形象大相径庭。从表面看，他没有坚毅果敢的豪情，也没有聪明活泼的气质，更没有温文尔雅的书卷气，给所有人的感觉都是两个字：普通。

班主任张文华老师对他的第一印象是：听话的乖孩子。不怎么多话，总是认真听老师讲。其实那时候未必是他多么好学，仅仅是他在陌生环境里显出的拘束，还有文化基础薄弱造成的学业上费劲。

开学的第一个学期，宋彪下定决心一定要好好学，自己选择的路自己要努力把它走好。但这里的学习方式已经完全不同于初中，专业性大大增强，老师的授课方式也有别于普通中小学。这个转变往往需要一个适应过程。由于之前基础理论不是太好，宋彪虽然付出了努力，对老师讲的专业知识有时还是很难听懂，第一学期里有几门课程成绩不是太理想。于是，他空余时间就去请教专业老师，到了第二学期，成绩有显著的提升。但是他并没有觉得这样就知足了，还是像第一学期一样经常和老师“泡”在一起。这种软磨硬泡的求学方式使他受益匪浅。他的任课老师普遍说，上课时只要看他的眼神，就能感觉到他渴望进步。

看起来宋彪已经像个“好学生”了，但他公开场合沉默寡言的性格并没有多少改变，从来不发表慷慨激昂的言辞，不抛头露面张扬个性，也没有去和“尖子生”一争高下，脾气随和，有时依然带着几分腼腆，虽然与老师同学相处都不错，却依然是不太受关注的“小人物”。

不过，品质好、有自觉性的宋彪还是被老师瞄上了，要他担任班干部。起初他对自己的管理能力似乎缺乏信心，在老师的动员下才担任了团支书。

学院团委举办活动要求每个支部至少交一件作品，其他系里各支部都是结合本专业特点，有的交美术作品，有的是创意设计；有的班级是发动有特长的同学来完成，而 1406 班的同学大多不愿出这个头。身为团支书的宋彪只好自己动手，制作了一件铁制“工艺品”——实际是钳工工件，用一块铁加工成方形，从中间挖出一个圆，再在圆孔里嵌进正方形的加工件。这样的几何形“工艺品”虽然从美术上讲没有太高的审美价值，但这种金属件的制作精度要求很高，要把方块正好套进圆孔，既要平正，又不能松动滑落，就难度而言，超出了一年级新生的技能水平。他对自己的作品比较满意，老师也由此看到了他技能上的潜质。

年轻人，总是好动的，沉默内向只是宋彪性格的一方面，决不意味着他像修行的高僧一直保持心静如止水，心里只有学业和技术。他的爱好也很多，除了一如既往喜欢摸索各种零件，也没有忘记儿时当勇士的梦想，他参加了学生双节棍社团。当时有几位同学好友一起报的名，有人耍了几下就不练了，而他一直坚持训练，表现出持久的耐心。在一起学的同学中，他是学得比较扎实的。后来因为参加技能竞赛国家集训，只好退出了社团。但那时练的动作，现在还能耍几下，还挺酷的。每每讲到这些，他的脸上就会浮起愉悦的笑容。

不久，在实训室发生了一件事。学院实行的是一体化教学，所以一边学基础理论，一边就要付诸实践，练习基本功。带班实习的钱建明老师布置作业，要每人独立做一把榔头。看似简单的工件，却是对钳工基本功的考验，既枯燥又费劲。拿到手的是不规则的铁块，单凭锯、锉等简单工具要加工成符合标准的铁榔头。同学们叫苦连天，只有他不声不响默默去做，决无怨言。他交出了最完美的作业，而其他同学的“作业”就拉开了差距。钱老师摸着他的头：“不错，是块料！”后来，总叫他做磨钻头等只有高一届学生才能做的精细活，他也是一声不吭完满地做好。钱老师喜滋滋地向人夸赞：“细彪将（吴方言，近似‘小家伙’），就是招人喜欢。”平素比较亲近的同学打趣：“彪哥，厉害了。”大家跟着起哄，就这样，“彪哥”在1406班自然成了公认的“领头大哥”。

班主任张文华老师认为，一个班级的班长应该是全班同学的核心，必须能够起到带头作用，首先要能管好自己，并在同学中有威信，管理经验可以慢慢培养，于是把宋彪调整到班长的位置。

“彪哥”可不是白叫的，一米八的身高，匀称的身材，是个标准的帅小伙，人缘又非常好。宋彪的自我约束能力是有目共睹的，在宿舍里更是一向很主动，乐于帮助别人，学习上努力上进，起到了表率作用。宋彪是用行动说话的人，他不太指手画脚地管别人，他怎样做，同学就跟着“哥”走。而且，他做事非常用心，善于动脑子。每次打扫卫生后，他用绳子将拖把挂起来，可一般用手挤总不干，还是有水滴淌下来，影响地面清洁。他想出一招：下面放一只废瓶子，在拖把上系一根布条作引流，把水导入瓶子里，到滴干时把瓶里的脏水倒掉，这样教室里就很干净。老师对他的细心感到惊讶，也非常赞赏，还特地用手机拍了图片发在校园微信平台上，让大家猜这是做什么用的。

通过几件小事，宋彪不但在班里树立了威信，以前夜自习难管理的状况得到转变，他在技能上的潜能也渐渐显露出来。

2015年11月，学院举办第二届技能节，其中有校集训队选手选拔的项目，当时规定必须是三年级及以上的学生才能参加选拔，宋彪入校才一年，还没有资格参加。但他的努力得到了班主任和专业老师的认可，向系部提出作为"编外"人员去试一试。系部同意了宋彪参加集训队的选拔。当时距离比赛只有半个月时间了，在这半个月里要做远远超出他平常所学范围的题目，他一时感觉力不从心，但并没有放弃，反而从心底激发出一种斗志。从不争胜的他，表现出了不屈不挠的勇气，他坚信"只要肯努力就能有回报"。于是，他每天比别人晚两个小时结束练习，别人礼拜天休息，他仍然坚持训练。就这样，在半个月后的选拔赛中，宋彪取得了第二名的成绩，顺利进入学校的集训队，成为同学中的"技能达人"。

进入集训队后，他感到与别的队友还有一定的差距，必须付出更多的努力，所以在集训过程中坚持比别人晚两小时结束训练，充分利用好周六、周日的休息时间，把自己的基础技能夯扎实。

可以说，这就是宋彪攀登技能高峰的全新的起点。

长缨在手

让我们回到赛场上。

宋彪用娴熟的技艺对规定部件进行加工，进展十分顺利，到了规定的时间，一副制作规范的车架已经完成。他充满自信地向教练汇报了制作过程，教练也对他表示肯定。

第三天对电气预防维护并检测齿轮……一个综合运用多种技能的繁复过程，这些还都是基础工作，最后的成果要看总装。宋彪对前面的工作完成情况自己还比较满意，如果不出意外，有望能够拿到一块奖牌。至于是拿银牌还是铜牌不好说，至于金牌，还要看最后一搏，因为同时在比赛的各路高手中，就有他曾经领教过、两次战胜过自己的澳大利亚选手布莱德，可能还有其他未曾交过手的高手。

宋彪在世赛现场

2017 年 2 月，为了和世界标准接轨，学院和中国项目组安排了一场与澳大利亚选手的友谊赛，之后 7 月又参加了澳大利亚全球技能挑战赛。两次比赛冠军都是由澳大利亚选手布莱德获得。友谊赛是在江苏省常州技师学院世赛工业机械装调集训基地举行的，时值 2 月中旬，正是中国传统节日春节期间，也是刚刚在国内 6 进 3

淘汰赛晋级之后，当时双方各派三名晋级的选手进行交流，其中澳方的布莱德能力出众，技术成熟，心理稳定，有较丰富的大赛经验，是公认的冠军材料。宋彪是抱着虚心学习的态度和他同台竞技的，比赛结果也不出所料，布莱德优势明显，宋彪整整差了 20 分。对照技术评分各项指标，找到差距在什么地方，教练对宋彪做了有针对性的训练。

宋彪在澳大利亚参加 2017 全球技能挑战赛

6 月 29—30 日，在国内最后一场淘汰赛中，宋彪险胜对手，取得我国工业机械装调项目唯一的世赛资格；紧接着 7 月 2—9 日，赴澳大利亚参加 2017 全球技能挑战赛（The 2017 Global Skills Challenge）。这是进军阿布扎比前一次重要的热身赛。全球多个国家和地区积极参与此次挑战赛，其中有 7 位选手参加工业机械装调项目的比赛，分别来自澳大利亚、俄罗斯、加拿大、新西兰、日本、中国和中国台北。比赛在澳大利亚新南威尔士州纽卡斯尔市 TAFE 学院举行。经过近四天的激烈角逐，宋彪获得工业机械装调项目第二名。虽然还是输给了布莱德，但差距缩小到 5 分。

在强化训练中，宋彪由过去功底一般到战胜多位高手，可以用突飞猛进来形容。凭着这样的势头，能不能逆袭反超，也是很难说的。

……

主人公屡败屡战，在最后的对决中被对手逼到绝路，奋起一搏，击倒对手……这是我们在武侠片中常常看到的一幕。武侠是成年人的童话，仅仅是童话。可此时此刻无论是赛场上的宋彪，还是场外等候的专家、教练，都期待着童话成为现实。

场上个个都是高手，没有谁敢说具备了凌驾于所有对手之上的绝对实力。

比赛在进行。除了翻译偶尔过来向他阐述赛事组织上的有关要求，其他选手的进展情况他一点都不知道。为了增强封闭效果，使比赛更加紧张激烈，就连每天赛程的起止时间都是错位的，根本无从推算别人的进度。体能的分配、兴奋点的调整，这些细微的环节在高手对决中往往起到至关重要的作用。

在武侠小说里，少林易筋经和洗髓真经是至高无上的武学。传说为达摩祖师所创的易筋经，是菩提达摩面壁十年参悟佛理时，活动筋骨的功法，坚持练习，起到固本强体的作用。宋彪从小喜爱动手，到一路战胜国内高手，是不断修习增强功力的过程。而洗髓真经则要在具备自身功力的基础上，通过非同寻常的磨砺实现脱胎换骨。那宋彪的“洗髓”正是通过专家教练有针对性的训练实现的。自从进入集训，他几乎没有节假日的概念，为一轮又一轮的淘汰赛拼尽全力。

场上的宋彪节奏控制把握很有法度，这是在教练指导下经过长期磨砺培养出来的。

宋彪在世赛现场

第四章
那一剑的风情

各种事物都有它的极致。虎啸深山，鱼游潭底，驼走大漠，雁排长空，这就是它们的极致。在一定的环境里，才能发挥这种极致。

——孙犁《黄鹂》

夹缝中

有一种特殊的幻想。

一个象征。一个寓言。一个悠悠澹澹的神奇古老的传说。

一些人。一些书。一些技艺。一些光彩……

在资格赛预选时，宋彪一路单挑，就像不断挑战、不断决斗的武士。

勇者无敌。

但是，英勇的人并不是天生好战。即使技艺日增，也难免大战前的焦虑，哪怕他将成为英雄。人的斗志是在一定环境、一定条件下激发出来的。

《晏子春秋》里记载了这样的故事：齐国的执政大臣晏子出使楚国，刚巧楚国抓到一个小贼，是齐国人。负责接待的官员想借此羞辱晏子，就说：“你们齐国尽出贼。”晏子笑笑说：“我听说淮南有种橘子非常甘甜，可移种到淮北，就变成了枳子，又苦又涩。”

如果说，宋彪来到江苏省常州技师学院有一定的偶然因素，那他在这片土壤里生根、发芽、成长就包含了必然因素。

宋彪性格内向，成绩又不突出，不会用夸张的行为吸引别人的眼球，到哪儿都是平平淡淡、默默无闻。

一块质地均匀平整的板，是很难从中间拱破的。如果你是一粒种子，板的边缘缝口就是你冒出头来的有利位置。高等学府是块厚重坚硬的铁板，置身于顶端的人才面临巨大的竞争压力；更何况，社会群体中处于顶端的精英总是少数人，那些虽然进入高等学府，却不能跻身于精英群体的高校毕业生往往遇到高不成低不就的尴尬。而技工学校也是一张板，照理说它应该是负荷高端人才的基础，应该更为庞大，更加坚实，然而，由于中国千百年以来“学而优则仕”“劳心者治人，劳力者治于人”等观念的影响，加上高考指挥棒的导向，先有“千军万马过独木桥”的残酷高考竞争，后有一些高校扩招的过度膨胀，再加上一些单位用人体制上对学历的片面要求，中考高考落榜生形成了一堆碎乱的“泡沫板”。这些矛盾在产业升级过程中凸显出来，成为我国产业结构调整过程中要解决的重大课题。

而在两大块板的中间形成了一道夹缝。这样的夹缝也特别容易使人迷茫，上大学很吃力，上技校又不甘心。不少学子就因为不知所措，丧失了斗志，错失了时机，甚至在浑浑噩噩中沉沦。但对有信念的人而言，夹缝正是崛起的地方。宋彪正是处在这样的夹缝里。

如果是条件优越的高等院校，宋彪这样“不出色”的学生往往会被一批成绩优异的同学“覆盖笼罩”，不容易受到别人重视，很难获得展示机会；如果进入教学条件稍差一些的普通技校，又受到见闻、设备、教学条件等许多因素的制约，机会并不专门为他等候。宋彪的幸运在于刚巧找准了夹缝的缝口，只要自己有足够生长的力量，就能成为参天大树！他的幸运还在于，他踏上技能成才之路，正赶上了一个崇尚技能的时代；遇到了“种树郭橐驼”式能“顺木之天”栽培得法的老师、引导人。

好风凭借力

宋彪的机遇还在于近年来国家发展的大气候。中国正在由制造大国向制造强国迈进，技能人才日益受到重视。

当今世界正处在一个大发展大变革大调整的时代，各国普遍把壮大实体经济、推动制造业转型升级、发展现代服务业作为促进经济发展的重要举措，而这些都离不开高素质的技能人才作支撑。广泛组织开展职业技能竞赛，是加强技能人才培养选拔、促进优秀技能人才脱颖而出的重要途径。

2017 年 6 月 6 日，国人的目光再一次被吸引——中国国际技能大赛在上海开幕。35 个国家和地区的 227 名能工巧匠同场竞技，双手游刃毫厘之间，用平凡演绎出了人生的精彩。

这是新中国成立以来最大规模的国际性技能赛事，是中国高技能人才队伍建设的最新印记。诞生过鲁班、李冰、李春等巨匠的国度，正在重拾起一度式微的工匠精神。

党的十八大以来，以习近平为核心的党中央高度重视技能人才队伍建设工作。各级人社部门认真落实中央部署和要求，勇扛使命、积极作为、改革创新、破解难题，推动技能人才队伍建设取得明显进展。截至 2016 年年底，全国高技能人才达 4 791 万人，比 2012 年提高了 39%。

一个匠心回归的时代正奔腾而来。

回眸历史，在几千年的人类发展史上，中国一直以诸多发明创造闻名于世，涌现了一代又一代能工巧匠。墨子、鲁班、张衡、蔡伦、毕昇、黄道婆……他们有的是生产一线的技能人才，有的还是思想家、艺术家。他们身上体现了我国古代劳动者优秀的工匠精神。

早在两千多年前的战国时代，就有了制造飞行木鸟的神技。奇迹的创造者，是出身低微，当过劳工的墨子。墨子是我国战国时期著名的思想家、教育家、军事家，墨家学派的创始人。他是一个精通机械制造的大家，在制止楚国攻宋时，与鲁班进行攻防演练中，充分展现了他在这方面的才能和造诣。两位机械制造大师对军事器材的研究令人叹为观止。墨子花费 3 年时间，精心研制出能够飞行的木鸟。他又是一个制造车辆的能手，可以在不到一日的时间内造出载重 30 石的车子。他所造的车子运行迅速又省力，且经久耐用，为当时的人们所赞赏。值得指出的是，墨子几乎谙熟了当时各种兵器、机械和工程建筑的制造技术，并有不少创造。

鲁班和墨子齐名，姓公输，名般，和墨子也是同时代人。工匠出身的鲁班，对如何提高劳动效率和工艺水平十分专注，喜欢小发明、小创造，正是因为这种专注，他的发明创造很多，包括曲尺、墨斗、刨子、钻子、凿子、铲子等。这些发明大大提高了工匠们的劳动效率和工艺水平。据说石磨也是鲁班发明的。当时鲁班发现，用两块比较坚硬的圆石，各凿成密布的浅槽，合在一起，用人力或畜力使它转动，就把米面磨成粉了。这一发明，是古代粮食加工工具的一大进步。同时，他还发明过砻、碾子等农机具。在建筑和雕刻方面，鲁班也有贡献，刻制过立体的石质九州地图，可能是最早的石刻地图。此外，还传说他刻制过精巧绝伦的石头凤凰。在兵器方面，鲁班曾经为楚国制造攻城用的“云梯”和水战用的“钩强”。楚国军队用“钩强”与越国军队进行水战，越船后退就钩住它，越

船进攻就推拒它。他还把梯子改制成可以凌空而立的云梯，用以攻城。鲁班还发明了锁钥。在周穆王时已有简单的锁钥，形状如鱼。鲁班改进的锁钥，形如蠡状，内设机关，凭钥匙才能打开。《墨子·鲁问》还记载了鲁班削木竹制成鹊，这种仿生机械可以飞上天。另据《鸿书》记载，他还曾制木鸢以窥宋城。《论衡·自纪·儒增》记述了一种传言，说他制作出备有机关的木车马和木人御者，可载其母。

西汉时代著名工匠、发明家丁缓也有不少发明创造，其中重要的就是发明了“被中香炉”。东晋时著名的石刻雕塑家戴逵从小喜欢石刻，经常在各地向名师学习，后来技艺提升很快，传说洛阳龙门大佛像为其所雕。綦毋怀文是中国南北朝时著名的冶金家，他专注于冶炼技术，创造的“灌钢法”是我国冶金史上一项杰出的成就和创造，在世界炼钢史上占有一定地位。

中国古代的重大发明，无一不是有钻研精神的工匠创造的。造出植物纤维纸的蔡伦，发明活字印刷技术的毕昇，改良纺织机械的黄道婆……近代的落后，又是因为制度落后和技术落后，被西方反超了。

从洋务运动和维新运动开始，中国开始追赶先进国家的步伐，虽然一波三折，但这种努力没有停歇过。

我国的技工教育最早可以追溯到晚清时期。在强大工业文明武装起来的西方列强的压力下，清廷中的洋务派为了维护风雨飘摇的封建王朝，首先从增强国家防务能力的角度开始重视引进和发展近代西方军事工业，而此举又不得不发展运输业、采矿业和相关工业产业。这自然引发了相应的人才需求，“洋务教育”随之兴起。创办于 1866 年的福建船政学堂，是中国第一所近代海军学校，也是中国近代航海教育和海军教育的发源地。学堂由左宗棠奏请创办，在船政大臣沈葆祯的主持下于 1866 年在福州设立，初建时称为“求是堂艺局”。1867 年马尾造船厂建成后搬迁至马尾遂改名为船政学堂。1868 年，沈葆祯奏请清廷批准，在船政学堂设立“艺圃”（又称艺徒学堂），招收艺徒 100 多人，学制 5 年，主要培养生产工人和初级技术人员。光绪二十三年（1897 年），福州将军兼管船政的裕禄提出，可以按照法国初级学堂和法国监工学堂的办法，将艺圃分为“艺徒学堂”和“匠首学堂”（相当于现在的技工学校和技师学院），学制分别为 3 年。艺徒择优升入匠首，培养高级技工（技师）。

民国时期，我国现代职业教育的发展可谓是跌宕起伏。虽然战乱连绵，信奉实业救国的企业家和教育家竭尽努力，对职业技术教育做出了重要贡献，其中黄炎培、陶行知等著名教育家，他们的知名度一点不比当时执掌最高学府的教育家们逊色。陶行知先生针对当时教育“教用脑的人不用手，不教用手的人用脑，所以一无所能”的通病，以及“教人分利不生利”“教农夫子弟变成书呆子”的现状，大力倡导职业教育，逐渐形成了教育与社会生活相结合、生利主义、教学做合一的职业教育思想。

100 多年来，技能强国的梦想一直激励着人们。

人们看到，蓬勃开展的技能大赛，为优秀技能人才的脱颖而出搭建了圆梦的舞台。

“中国自古以来就有非常高的技能水平。”世界技能组织主席西蒙·巴特利说。中国积极参与世赛竞技和申办活动，将有利于向世界展示中国历史长河中的先进技能，这对于中国选手和其他各国的参赛选手都是一种激励。

人们看到，如火如荼的宣传，推动工匠精神在落地生根。

2015年“五一”期间，中央电视台推出系列报道《大国工匠》，讲述了8位顶级技工匠心筑梦的故事，引发了强烈的社会反响。近年来，围绕职业教育活动周、世界青年技能日、世界技能大赛参赛申办，各级人社部门积极开展宣传活动，《大国工匠》《中国大能手》等成为耳熟能详的品牌。

2016年3月5日，国务院总理李克强在第十二届全国人民代表大会第四次会议政府工作报告中提出：“鼓励企业开展个性化定制、柔性化生产，培育精益求精的工匠精神，增品种、提品质、创品牌。”在全社会营造培育高技能工匠的氛围，提高工匠社会认可度。

2017年3月5日，李克强在第十二届全国人民代表大会第五次会议政府工作报告中再次提出：“质量之魂，存于匠心。要大力弘扬工匠精神，厚植工匠文化，恪尽职业操守，崇尚精益求精，培育众多中国工匠，打造更多享誉世界的中国品牌，推动中国经济发展进入质量时代。”

这些均表明，培育工匠精神已经成为国家意志和社会共识，将对我国的经济社会发展、中国制造的未来走向和人才培养模式产生深远的影响。

技工院校的学子有幸，他们在人生最宝贵的青春年华，赶上了党和国家重视工匠、崇尚技能的大潮。

“弄潮儿向涛头立，手把红旗旗不湿。”宋彪，正是这勇立潮头的弄潮儿。

赛场上的宋彪像一名武者，手持利剑不断挑战，所向披靡；宋彪更像一名侠者，不是为挑战而挑战，而是追求道之所在，承担着技能强国梦的责任。

宋彪在世赛现场

正因如此，那剑，没有戾气；挥洒之间，万种风情！

见龙在田

宋彪从留守儿童到技能新星，实现了华丽转身。他的成长，离不开他自身的努力，也离不开环境的滋养。

有国家的大气候，还有不同地理环境下的小气候。内陆还是沿海，山区还是平原，纬度是高是低，土壤是肥沃还是贫瘠……树苗在不同条件下生长自然是有差异的。

环境对人才成长的影响早就被我们的先祖认识。春秋时代晏子使楚的故事就反映了当时人们对环境作用的认识。20 世纪 80 年代初，苏南有地方尝试引种山东烟台的苹果，不料结出的果子又小又涩，被人戏称为“康乐球”。不同的地理环境和气候条件收获的是不一样的果实。

当初宋彪选择来到江苏省常州技师学院，无疑赢得一个良好的契机。

常州位于长江三角洲中心地带，古称“中吴”，以经济发达、工商比翼而著称，是中国近代工业之父盛宣怀的故里，是近代中国民族工商业的发祥地之一。20 世纪 80 年代初，常州成为闻名全国的工业明星城市，以发达的乡镇工业为时代特征创造了著名的“苏南模式”，是全国较早的“经济体制综合改革试点城市”和“对外开放城市”。吴文化本身包含了开放、包容、务实、进取的传统，实学思想最早在这里生根发芽。宋朝实学思想家王安石、苏轼曾在这里任职；南宋永嘉学派创始人薛季宣和他的高足陈傅良曾在这里精研学问，成为中国最早的启蒙思想家；明清时期的乾嘉学派、今文经学派都是由常州人开创，并成为近代维新运动的理论基础。在近现代历史上，涌现了一大批卓越的思想家、政治家、教育家、学者、艺术家、实业家，也包括技艺超凡的技能达人，他们对社会的贡献在全国乃至世界都有着巨大影响。其中就有瞿秋白、张太雷等中国共产党早期领导人；有盛宣怀、刘国钧这样的民族工业先驱；有赵元任、吕思勉、周有光等文化精英；有吕凤子、刘海粟、谢稚柳、吴青霞等书画大师；有中国电影之父洪深、音乐家吴祖光……当然，人们也不会忘记乱针绣的祖师杨守玉、留青竹刻大师白士凤……至今还保留的一批世界非物质文化遗产，许多有着鲜明特色的传统工艺，都让我们叹为观止。常州的梳篦、黄杨木雕等手工产品负有盛名；轻工业、纺织工业、机械制造业一度享誉海内。

进入改革开放时期，常州涌现过一批在全国有相当知名度的劳动模范、技术能手。其中，黑牡丹（集团）股份有限公司技术总监邓建军，从一名普通的技术工人成为纺织机械设备维护与制造行业的技术领跑者，多次受到前国家主席胡锦涛接见。

常州的职业技术教育也一直走在全国的前列。20 世纪 80 年代末，率先整合职业教育资源，创建“职教中心”，实现职业教育发展水平快速提升；21 世纪初，建设高等职业教育园区，实现职业院校集约发展，创出高职发展的“常州模式”；《常州市中长期教育改革和发展规划纲要（2010—2020 年）》明确提出建设“中国职教名城”的战略目标，优化布局结构、体制机制，深化产教融合、校企合作，加快发展现代职业教育，构建起了满足学生职业生涯发展需求的现代职业教育体系框架，基本满足了地方经济和社会发展对技术技能人才的需求。

江苏省常州技师学院是常州技工教育的“头雁”，位于常州高新技术产业开发区的核心区域，深厚肥沃的土壤是技能好苗子理想的生长环境。

江苏省常州技师学院创办于 1960 年，是一所以培养具有现代工匠精神的高技能人才为目标、专门从事职业技术教育的综合性全日制公办学校，是国家级重点技工学校、国家首批中职示范校、江

江苏省常州技师学院机械工程系教学楼

苏省重点技师学院，也是新中国最早举办挂牌的技师学院之一、第44届世界技能大赛工业机械装调项目中国集训主基地、国家职业训练院建设试点单位，较好地服务了地方产业发展，成为区域高技能人才培养的重要基地。学院先后被确定为首批“全国技工院校师资培训基地”“国家高技能人才培养示范基地”、人力资源社会保障部首家“全国技工院校师资研修中心”，荣获“全国职业教育先进单位”“国家技能人才培育突出贡献奖”“江苏省职业教育先进集体”等综合性荣誉，在全国职业教育中素负盛名，被誉为“技师的摇篮”。

“敢为天下先，争当领头羊”是这个学校的传统，开创了院校培养高级工和技师的先河。率先全面推行“一体化”模块式教学，率先实行毕业生就业推荐的市场化运作，率先实行院系两级管理和学分制学籍管理，率先建成全国首批中职示范校并主持国家级教学资源库建设，率先成立首家全国技工院校师资研修中心，率先开展中德合作办学，技能人才培养从国内走向国际。

学院与世界技能大赛颇具渊源，较早就接触了这项国际性赛事。2011 年，江苏省常州技师学院学生周春然作为数控铣项目备选选手参加了在伦敦举行的第 41 届世界技能大赛；2013 年，周春然作为综合团队挑战赛项目的正选选手参加了在莱比锡举行的第 42 届世界技能大赛，并获优胜奖。2016 年 8 月，世界技能组织首席执行官大卫・霍伊先生、竞赛副主席兼竞赛委员会主任施泰芬・普拉绍尔先生曾到学院考察技能人才培养情况。2016 年 11 月，学院被确立为工业机械装调项目世界技能大赛国家集训主基地。学院专门成立了世界技能大赛集训基地领导小组和工作小组，领导小组由学院领导领衔，全面负责集训基地的建设、运行和管理；工作小组由国家级专家宋军民领衔，全面负责集训工作及相关技术保障。此外，学院还先后出台了《江苏省常州技师学院技能竞赛工作规划及工作方案（2017—2021）》《竞赛管理办法》等系列制度文件，优先保障集训基地设施设备建设、教练团队建设、集训选手梯队建设工作，以及世赛选手的集训工作。此外，学院从 2014 年开始，每年举办校园技能节，培养了一大批技能爱好者和高手，教学和竞赛互相促进，相得益彰。

“见龙在田，利见大人。”对宋彪这类处在“夹缝”中的学子来说，这里“气候宜人”，是个适宜生长的环境。

孙犁在他的名作《黄鹂》中说：“各种事物都有它的极致。虎啸深山，鱼游潭底，驼走大漠，雁排长空，这就是它们的极致。在一定的环境里，才能发挥这种极致。”宋彪真切地感受到了这一点。在江苏省常州技师学院这个培育现代工匠的环境里，他将把自己的能力发挥到极致——因为路既在远方，也在脚下。

江苏省、常州市人社部门领导世赛前到集训基地勉励宋彪及参赛团队

第五章
千里走单骑

天行健，君子以自强不息；地势坤，君子以厚德载物。

——《周易》

山重水复

尽管前面三天的比赛很顺利，但就在第三天结束之前，问题出现了。

由各参赛国的专家组成评委，分组给选手打分，对本国选手采取回避制度。也就是说，这几名专家负责打分的这个组里，一定不包含自己国家的选手。中国工业机械装调项目专家组组长宋军民正在评分席上打分，宋彪那边传来消息，说一个部件的安装孔不对，装不上。宋军民立即与赛项经理和首席专家进行沟通，由于每个选手都出现了这样的问题，经过协商，大赛组织方决定不允许选手自己动手，由各国的专家组组长在不准许用两个部件直接进行比对的情况下，只容许通过测量，计算出误差的方向和大小，利用手工工具进行加工，把孔修整过来；而且操作时选手都必须离开赛场。

宋彪在离开赛场时眼巴巴地看着导师，仿佛在说，老师，全看您的了，您修整不过来我就装不上了。他忐忑地离开比赛场地。

意外情况的发生，往往会影响原定步骤，有时甚至严重干扰选手情绪，导致水平不能正常发挥。

宋彪虽然年轻，却也算是沙场老将了，遇到意外情况不止一次。他退出场外耐心等候，国内选拔晋级赛的情景又浮现在眼前……

他带伤夺得江苏赛区的第一名之后，获得了参加国家一级选拔赛的资格。

2016 年 9 月，宋彪接到通知去广州参加 9 月 21—28 日的第 44 届世界技能大赛全国选拔赛。比赛前三天教练带着他来到广东。

他第一次出远门。到外面开开眼界是绝大多数年轻人的愿望，尤其对长期生长在农村的孩子来说，这种愿望更加强烈。但家庭条件不容许他到远方旅游，守着农田的爷爷奶奶，辛苦打工的父母，还负担着宋彪和他弟弟的生活……广州是南方最著名的国际化城市之一，也是全国闻名的大都市，这是多好的机会！但他深知重任在肩，一切欲望都必须服从当前的任务。

在自我约束方面,宋彪表现出比同龄青年学生更加成熟的心志。他完全做到了抑制欲望，专心致志。他回忆当时的情景说："当时的我感觉时间过得真快，觉得自己还没准备好，觉得自己的技能水平还远远不够，心中一直不能平静，尤其是第一次出远门参加全国性的大赛，感觉什么都陌生，也想了很多很多，怕自己发挥不好，怕自己不能获得好成绩，越想越紧张。"

专注是追求的一种境界。但过于专注也会带来超出承受能力的精神压力。教练也发现了他的紧张情绪，带着他散步，跟他聊天，尽量消除他的紧张情绪。

比赛前一天晚上，宋彪突然感到肚子疼痛难忍，连忙去附近的医院检查，初步诊断为急性阑尾炎，要马上开刀。这真是晴天霹雳！自己的艰苦努力，团队的辛勤付出，整个选拔赛江苏赛区的希望，都要付诸东流了。教练和领队赶来与医生交流后，没有办法，还是决定弃赛，并转到更好的医院动手术。

当宋彪听到这个消息时，心想一切的努力都白费了，对自己又气又急。转院的路上，他开始慢慢平静了下来。他忽然消极颓唐地想，这样不更好吗？这样就不用再训练比赛了，自己终于可以回归"自由"了，感觉心里一下子放下了一块"石头"。大约过了近两个小时，宋彪忽然感觉肚子不疼了。他赶紧告诉教练，教练

2016年9月，宋彪赴广东参加第44届世界技能大赛全国选拔赛

怕他带病硬撑，说：“不要说假话，机会有的是，这次我们不参加也没关系，以后还有机会。”宋彪说真的不疼了。这时已经到了转院去的大医院，医生又检查了一遍，确诊是过度紧张造成的肠胃痉挛引起的疼痛。

原来是一场虚惊！

因为这是宋彪第一次参加这种大型的比赛，他太紧张了！到现在教练还时不时拿这件事跟他开玩笑。这次“磨难”也给他带来了福气，赛场上发挥很顺利。9月28日，第44届世赛国赛广东赛区选拔赛拉下帷幕，宋彪以全国选拔赛第三名的成绩进入了国家集训队。

过关斩将

没有绝对的实力，闯一闯，是宋彪当初的想法；而到了此刻，他确立了新的目标。他感到自己要成为真正优秀的选手还有差距，需要更加刻苦练习基本功和培养锻炼心理素质。全国选拔赛阶段的第三名，已经是很不错的成绩，但世界技能大赛的规则是，一个国家每个项目的正式参赛选手名额只有一个！换句话说，不拿第一就是被淘汰！接下来淘汰赛的每场竞争都会变得异常激烈残酷。

顺利进入国家集训队，不是到达目的地，而是踏上新征程的又一个起点。回到学校后宋彪开始反思和总结，发现自己的问题出在图纸阅读和装配调试细节上（装配调试是工业机械装调这个项目中最重要的一个步骤）。之后，他经常向专家、教练和其他选手请教，锤炼技能。从专家和教练那里，他不光学到了技术，还学会了分析和研究难题的方法。他越来越善于理性思考，解决问题，一步步成熟起来。

为了集中精力训练，学校安排他从原来六个人的集体宿舍搬出来，以保证休息时间不受干扰。

2016 年 11 月，江苏省常州技师学院被人力资源社会保障部遴选批准为工业机械装调项目国家集训的主基地，宋彪与来自全国的该项目另 5 名国家队成员在集训基地参加集训和选拔。不久就展开了 6 进 3 的淘汰赛，入围名额只有 3 个。这样“杀半”的淘汰即使不带“血腥”，也够得上残酷和惨烈了。

集训既紧张又艰苦，宋彪不断磨砺，无论在技术上还是心理上日趋成熟。在比赛中，他沉着冷静，操作严谨，取得了第一名的成绩，顺利晋级。

但后面还有几轮，即使拿到了第一也没到高枕无忧的时候，在经过了中澳技能友谊赛之后，他更认识到自己与国际上强手之间还有不小的差距，而另两名晋级的选手蔡城杰和张广鸿都是来自广东省技师学院。3 名出线选手中一下占据两个名额，这个学校训练水平之高可见一斑。只要比赛没有结束，对手时时刻刻在紧逼着，奋斗的脚步不能停止。

在一个月的集训中，专家教练团队带领 3 位选手突破各种难题提升技能水平。3 位选手之间实力接近，你争我赶，角逐激烈。

4 月上旬，第二轮比赛 3 进 2 的选拔开始，专家团队对选手的各项能力进行了考核。这期间，由于对考核评分标准的理解存在异议，进行了多次磋商，选手也经历了一次精神上的煎熬。这一个月的时间，对宋彪来说，紧张而又漫长。4 月 26—28 日，3 进 2 选拔赛在国家集训基地展开，这个成绩被最终确认。在比赛中，宋彪再次以总分 98.47 分获第一名成功晋级。

接下来就要进行第三轮 2 进 1 的比赛。这是高手之间一对一的单挑。对手实力强劲，在前面的比赛中分数一直咬得很紧。为了保证比赛公平公正，让最好的选手进入世赛，这轮比赛根据预定方案，要进行两个回合，类似球赛的主客场制，在不同的地点进行，最后以总分高低决定唯一的出线名额。这样又增加了比赛的不确定性，对选手的心理素质是极大考验。6 月上旬进行第一场，7 月上旬进行第二场。

第一场宋彪胜出；但依然不能确保晋级，还有一轮复赛。在之后的一段时间里，宋彪丝毫不敢放松，技术发挥越来越稳定。2017 年 6 月 29—30 日，第 44 届世界技能大赛工业机械装调项目中国国家集训队举行了最后一轮选拔赛。在这场残酷的“决斗”中，宋彪忍痛把昔日和自己共同训练、同样付出辛苦汗水一路胜出的队友挑下了马，成功卫冕，最终成为代表国家出战第 44 届世界技能大赛工业机械装调项目的唯一正式选手，赢得了阿布扎比入场券。

宋彪清醒地认识到，自己的成绩并不能说明技术上有多少优势，只是发挥比较稳定，要和国际上的优秀选手比拼，还存在很大差距，要继续努力向前。何况，世界技能大赛和国内比赛不是同一概念，究竟比什么，怎样比，都是未知数。自己是代表中国参赛的，成绩好坏，不仅仅是自己的荣誉，更反映中国的实力，只有努力提高综合能力水平，才有可能在国际舞台上展现中国选手的风采。

赛场遇到意外情况，虽然宋彪心里难免焦急，却不惊慌。

个把小时过去，澳大利亚、巴西、日本等几个国家的专家组组长都基本快完成了，而宋军民老师通过测量发现，宋彪的加工、安装都是按中间值来进行计算的，从制作角度看，这是最可靠最到位的，但修整却增加了难度，必须两边借料，这样需多加工 2 毫米，为了保证他明天能安装到位，必须在 13 毫米厚的铝板上两个方向最少都锉掉 3 毫米，这个难度有点大了，但为了明天选手能顺利完成，拼了！能用的手段方法都上，整整花了两个多小时，到晚上 10：30 分左右总算在两个方向都锉掉 4 毫米左右，保证选手既能安装又有一定的调整量，回到宾馆人都累瘫了。

第四天的比赛赛前交流时宋军民告诉宋彪，没问题了。总算解决了大问题，那么接下来只要按部就班完成既定操作程序就可以大功告成。宋彪吃下了一颗定心丸。

中国工业机械装调项目专家组组长
宋军民在世赛现场修整安装孔

终极武器

宋彪安心地上场了，他将完成最后一天的赛程。这也是登上顶峰最关键的冲刺阶段。

他放心，是他充分信赖自己身后有个非常强大的团队在支撑着他。赛后他这样说："我深深体会到，我不是一个人在战斗，我的背后，凝聚了方方面面的智慧、力量和汗水。"

真正开始有针对性地备战第 44 届世界技能大赛工业机械装调项目，是在 2017 年 7 月中旬到 9 月底。前面惨烈的淘汰赛依然只能算预热，许多关于比赛的细节还不知道，只是按国内一般的比赛拼功底。宋彪能够成功获得选拔赛的出线资格，除了他善于学习总结，进步神速外，专家教练对世界技能大赛的理解也起到很关键的作用。在这紧张的两个半月时间里，备赛工作有很多方面，既有优秀选手宋彪本人的艰苦努力，更有专家教练的悉心指导和团队的协同作战。

首先要对工业机械装调项目的赛题进行分析。工业机械装调项目是一个新的世赛项目，在 2015 年第 43 届巴西圣保罗世界技能大赛中，该项目还只是表演赛。

单就名称叫"脚踏式动力水净化系统"的设备，就让整个团队伤透了脑筋。常规机械设备中没听说过这样的设备。

为了开发出这套设备，专家找遍了"脚踏式动力系统"，就近企业的自行车厂商、企业没有一个认识的，也问不出什么名堂。后来通过聊天知道项目经理喜欢健身，又去看健身器材的"脚踏式动力系统"，最后在这基础上设计开发了"脚踏式动力水净化系统"。等到在正式赛场上项目经理在赛前公布试题时，专家组组长宋军民一看与我们设计的有 70% 的相似度，当时真有一种说不出的激动。

专家教练组制定了针对工业机械装调项目选手技能的训练方

案，包括建立合适的训练计划、制定合理的训练策略和建立有效的评价与反馈机制。

宋彪在第 44 届世界技能大赛工业机械装调项目中国集训基地训练

根据该项目比赛的特点，训练计划的制订着力于本次世赛公布的 10 个技能大类的形成与完善。为了完成这一目标，首先把这 10 个技能大类明确分成了 50 多个基本技能（在 2017 年 8 月之后，随着世赛官网上逐渐确定的设施、设备、材料清单，又增加了 20 多个基本技能），对这些基本技能进行逐一训练直至完善。针对各个技能的特点合理安排训练实施的先后顺序，先是手工加工技能，然后是机械加工技能，最后是装配调试技能。

在训练时还要制定合理的训练策略。训练策略所围绕的核心思想是“在比赛中多得分”。机械加工技能容易掌握，加工精度提高的空间较大，所以在训练中不断增加难度、提高精度（高于世赛要求的精度），采取进攻的策略；而手工加工技能（例如钳加工技能、焊接技能）的形成需要长时间的训练和打磨才能使心智技能和操作技能协同发展，从而达到较高的加工水准，有时在训练中为了取得突破一味地进行强化练习反而耗费时间不进反退，所以采取撤退的策略进行有间歇的训练；比赛的载体或设备可以是千变万化的，同时装配调试工作又具有一定的规律性，所以对于装配调试技能的训练采取防守的策略，在校内训练以基础的装配调试训练为主，同时进入一些设备制造生产类的大企业进行现场观摩和实践操作，以保持装配调试技能稳中有升。

技能比赛和参加体育竞技比赛的球队一样，优秀运动员只有在优秀主教练的精心指导、合理安排下，才能发挥出最佳水准。一个团队从精神面貌、技术训练、饮食起居、心理调节，每个环节都有保证，才能笑到最后。我们不能想象杨过背后没有独孤求败，令狐冲背后没有风清扬。

毫无疑问，宋彪的胜利，是整个团队的胜利。这个强大的后盾，是宋彪背后的有力支撑，有如定海神针，是攻则无坚不摧、守则无懈可击的终极武器！

让我们记住这个强悍的团队：

选手

宋　彪	江苏省常州技师学院学生

集训基地

江苏省常州技师学院

广东省技师学院

技术指导专家

宋军民（组长）	江苏省常州技师学院副教授
袁志刚	中车戚墅堰机车有限公司高级技师
肖建章	广东省技师学院高级讲师

教练

肖建章（组长，兼）	广东省技师学院高级讲师
杭明峰	江苏省常州技师学院一级实习指导教师
戴文博	江苏省常州技师学院一级实习指导教师
孙伟成	广东省技师学院一级实习指导教师
吴国雄	广东省技师学院一级实习指导教师

翻译

付炜亮	江苏省常州技师学院教师
李　莎	深圳技师学院教师

第六章
会当凌绝顶

天风浪浪，海山苍苍，真力弥满，万象在旁。

——唐·司空图《二十四诗品·豪放》

再遭意外

最后一天的比赛就是要完成总装。

这对“小拆匠”出身的宋彪来说，是最拿手的。这可不是当年的小闹钟、玩具汽车，而是一台世界级的“脚踏式动力水净化系统”！

宋彪满怀豪情走向自己的工位。

在取得进军阿布扎比的入场券之后，围绕更高的目标与期待，宋彪和教练团队全身心地投入备战阶段，开展了针对性训练、障碍性训练、国际交流训练、心理及体能训练等，同时对世赛理念、标准、规则等进行了更深入的学习。教练针对宋彪操作技能掌握的优、缺点，训练的精神状态，以及对时间的把控不断指正、引导，使宋彪的技能更加稳定与娴熟，同时增加了师生之间的信任与尊重。这段时间，宋彪的技能水平、综合素质有了显著提高。

这时的宋彪，已经成长为一名技术过硬、心理稳定、能打硬仗的优秀选手。但是，在国际大型比赛中，没有团队的支撑，仅靠个人能力是难以取得好成绩的。世界技能大赛工业机械装调项目专家组组长宋军民，教练杭明峰、戴文博，翻译付炜亮，都全力以赴，悉心指导，分析每个细节。

2017 年的盛夏，距离世界技能大赛还有不到 3 个月的时间，宋彪的备战到了最后冲刺阶段。

他一直绷紧了弦，从进入校集训队开始算起，已经整整一年多，其中包括两个暑假、一个寒假，他都没有安稳休息过，终于到了最后关头。

该学的都学了，该练的都练了，甚至训练的标准高于世赛技术标准，宋彪已经做好了充分准备，具备绝对的技术、知识储备，最后就是狠抓细节，力求每件产品的精准、完美。

准备比赛的过程漫长而艰苦，宋彪身上有着不认输、不怕苦和坚韧的品质，同时在一年多的训练过程中有着鲜明的成长痕迹，技能和比赛的心理抗压能力都有较大提高，逐渐成为一名优秀的比赛型选手。

《神雕侠侣》中杨过打开独孤求败剑冢时，有四柄剑的位置，第一柄剑长约四尺，青光闪闪，剑下的石上刻有两行小字："凌厉刚猛，无坚不摧，弱冠前以之与河朔群雄争锋。"宋彪在前面淘汰赛中的表现正如利剑在手，所向披靡。经过强化训练，到了此刻，则如手持重剑在山峡急流中砥砺过，已经领悟"重剑无锋，大巧不工"的境界。不论工艺如何繁复，不管评分如何严格甚至苛刻，我只用最本分不讨巧的动作，按照比赛要求的规范去完成。

但是，就在即将开始脚踏动力水净化系统装配与调试比赛的时候，首席专家通过翻译告诉宋彪，因为大赛组委会在比赛组织中出现一些失误，前一天的计时出了点问题，少计了用时，宋彪与别的 4 个选手必须比别人晚开始，以保证同时结束，而宋彪是最后一个，必须晚半小时开始。怎么会呢？宋彪一下就懵了。这样的大赛计时怎么会发生错误？何况自己在一贯的训练中对时间的把控心里也是有数的！可眼下，一切都只能服从大赛组委会的决定。

纵然在国内的集训中做了充分的准备，预想了好多可能出现的麻烦，但是无论如何不会算计到，现场会出现这样意外的情况。

技能求道者

看着一个个选手离开休息室，教练和选手的心理压力是巨大的，感觉那半个小时的时间实在太长太长。

一下子，预定的计划安排都被打乱了。当其他选手已经开始操作的时候，宋彪只能待在选手休息室里焦急地等待。当时他感到紧张和焦虑一阵阵袭来，心想这样被压缩时间，很有可能就做不完了，所有的努力都将前功尽弃。但是，很快他就意识到必须平静下来，不能因为意外情况的发生干扰情绪、心理，同时对原定计划在脑子里过了一遍，并做出一些调整，然后用最后的等待时间做肌肉放松和热身运动。不抱怨，不带情绪，或许，这才是最考验人的。就这样，当重新回到赛场，宋彪按照调整后的计划，在保证质量的前提下加快了操作节奏。

摒除杂念，全神贯注。

技术、技能，到一定程度就止于熟练度、精确度；但一场高级别的比赛比的不仅仅是这些。

各种艺术都有相通之处，都讲究从一般的技能创造出意境，再从意境升华为艺境。那么，自己融合不同工艺的技能而不滞于形，就是一种意境；追求一种天人合一、把人的精神意念融进所做的事里面去，这就是艺境，就是一种天道。

唐代司空图的《二十四诗品·豪放》说：“真力弥满，万象在旁。”这是诗歌的境界，是剑道的境界，也是技能的境界。学院领导特地来到阿布扎比为宋彪加油鼓劲，言语中并没有要求他努力拼搏、争取荣誉之类激励的话语，说得多的反而是让他平静、放松，正常发挥自己的水平。专家组组长宋军民、教练杭明峰等也是让他调整好心态，达到心境与自然的契合——这恰恰是更高的境界。

武学之道，以虚静为上乘。静极而生动，空寂而充盈，无极而太极。是虚，则空之阔而大也；是静，则时之延伸也。以阔大之空、之时，去凡尘之俗务，世事之纷扰，进乎技而近乎道者，师之自然而已。游目骋怀，冥思默想，悠远空灵之至也。极尽无限处，夫复为无中生有，有亦若无，遁迹于无形——各种技能到最高境界都是如此。宋彪清楚地记得，在训练最紧张的阶段，院领导不是严格督促，反而让他去看电影放松。

宋彪在世赛现场

场上的宋彪，宛若剑道高手，“虚伫神素，脱然畦封，黄唐在独，落落玄宗”。心灵如此虚静，超脱纷繁的尘世，时空的阔大与空寞，给予人的灵智自由展开的天地，寄情于无始无终、无边无际的空间，那是多么玄妙！“天风浪浪，海山苍苍，真力弥满，万象在旁。”放开胸怀，在苍茫的水天之间，以充沛的精神俯视万物，则万物都能听从驱使！“可人如玉，步屧寻幽，载行载止，空碧悠悠。”一切都那样空阔，那样幽静，且走且停，便得到了那出自天然、合乎至道的空灵意境。这意境是客观环境和主观情感的充分契合，而主观又有两重意思：第一是物我两忘，“可人”独自从时空的阔大和孤寂中寻得幽境；第二是物皆出自我心，忘我不等于佛家的坐忘、心斋，而是忘其有无，在空灵中注入自己的情感，在忘我的幽境中升华为艺道的至境。司空图的《二十四诗品》不但具有诗歌鉴赏上高度的美学意义，还被后来的武术界视为武林秘籍，古人不知有世界技能竞赛，假如他们能看到宋彪在赛场的表现，也一定会惊叹：这才是高手！

他忘我投入，完全没有受到意外情况的影响，发挥了平时训练的最好水平，出色地完成了规定的竞赛模块。而正是这种沉着镇定，征服了所有评委，当宣告比赛结束时，他自信，这块奖牌拿定了！

当比赛结束后通过功能试验，赛项经理要求各参赛队喝一杯通过自己净化设备净化出来的水。中国团队接了一杯自己选手制作的设备净化出的水，一口气喝完，感觉这个水真的很“甜”。

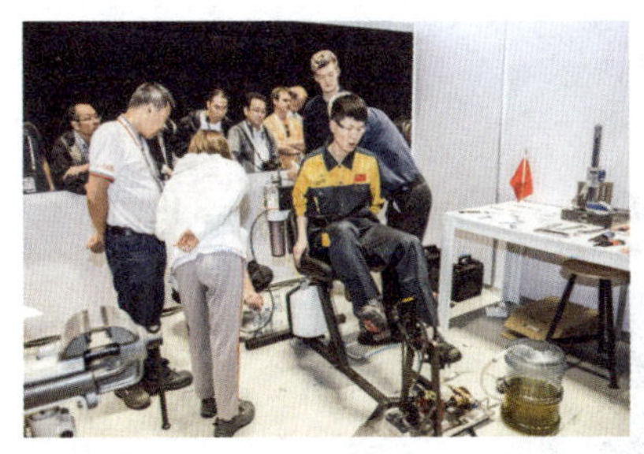

评委在世赛现场测试宋彪作品——脚踏动力水净化系统

登上领奖台

比赛结束，评委给宋彪打出 779 分！宋彪以堪称完美的作品——脚踏动力水净化系统——夺得第 44 届世界技能大赛工业机械装调项目金牌！

激动人心的时刻到来了。

当地时间 10 月 19 日晚，颁奖仪式和第 44 届世界技能大赛闭幕式隆重举行。

宋彪披着鲜艳的五星红旗站上了高高的领奖台，尽情地为胜利欢呼。团队的每个人都激动地凝望着他，为他骄傲，为自己骄傲，为团队骄傲，更为自己的祖国自豪。

获得银牌的澳大利亚选手布莱德，在登上领奖台的时刻，带着友善的笑容向成功逆袭、一鸣惊人、一飞冲天的老对手宋彪表示祝贺。宋彪也与这位两次赢过自己的优秀选手友好地握手。

宋彪登上第 44 届世界技能大赛工业机械装调项目最高领奖台

最后，世界技能组织主席西蒙·巴特利宣布整场比赛唯一的“阿尔伯特·维达”奖时，当说出宋彪的名字，他既激动又意外，他完全没有想到，自己会在众多选手中获得最高分。全场掌声雷动，世界为之惊呼！中国技能，惊艳了阿布扎比的夜晚！

当捧起“阿尔伯特·维达”奖奖杯时，一向性格内敛的宋彪在转向现场观众的一刻，突然纵情狂吼了三声：“中国！中国！！中国！！！”全场一片欢腾，人们为宋彪欢呼，为中国鼓掌。台下观礼的项目团队成员拥抱在一起，流下了幸福的眼泪。

宋彪身披国旗，手捧奖杯，尽情展示中国男儿的风采。狂喜，呐喊……小时候梦想跨上云端的奔马，此刻他自己就像一匹驰骋的马，浑身充满狂野的激情……宋彪的昂首一吼，吼出了中国青年的心声，吼出了中国青年的自信，更吼出了中国工匠的担当。后来当别人问起他，平常那样内向，那时看起来却完全没有拘束，表现得反而有些“张狂”？他不好意思地解释：为了比赛刻苦训练，整整压抑了一年多，那一刻情绪全释放出来了。

走下领奖台，他激动地说：“我完全没有想到会有这么大的惊喜。今天终于站上了世界技能竞赛的最高领奖台，为国家争得了荣誉，为学校增添了光彩，自己的努力得到了回报，也为自己找准了继续前进的方向。”

平静下来后，他又说：“回味领奖台上激动人心的那一刻，我思绪万千。我深深体会到，我不是一个人在战斗，我的背后，凝聚了方方面面的智慧、力量和汗水。既有教练、技术指导专家、技术翻译在训练和比赛期间的精心辅导，有保障团队的默默付出，有参加过世界技能大赛学长的倾囊传授，也有学校和世赛国家集训基地的鼎力支持，还有相关部门和地方各级领导无微不至的关怀，更有日益强盛的祖国作为坚强后盾。同时，我庆幸自己选对了学校，遇到了好教练、好专家。”

宋彪获第 44 届世界技能大赛最高奖后和项目团队合影

宋彪的夺魁有着多重不寻常的意义。在上一届比赛中，中国刚刚实现金牌零的突破，而本届比赛上中国斩获 15 块金牌，成为金牌和奖牌总数名列第一的国家，宋彪则成为我国第一个获得“阿尔伯特·维达”奖殊荣的选手，这将被历史所铭记。而对江苏省来说，本届比赛也实现了江苏选手世界技能大赛金牌零的突破；当然也成为常州的骄傲。

第七章
平凡的梦想

仲永之通悟，受之天也。其受之天也，贤于材人远矣。卒之为众人，则其受于人者不至也。彼其受之天也，如此其贤也，不受之人，且为众人；今夫不受之天，固众人，又不受之人，得为众人而已耶？

——宋·王安石《伤仲永》

载誉而归

获悉江苏参赛选手的精彩表现后，江苏省政府给人力资源社会保障部发去贺电：“宋彪荣获‘阿尔伯特·维达’奖，向世界展现了当代中国青年技能人才的精湛技能和职业精神，为江苏增添了光彩，为祖国赢得了荣誉。我们谨向第44届世界技能大赛中国代表团、获奖选手及教练团队表示热烈祝贺和诚挚问候！”

2017 年 10 月 21 日上午，第 44 届世界技能大赛中国代表团载誉回国，受人力资源社会保障部尹蔚民部长委托，汤涛副部长代表人力资源社会保障部到机场迎接，并召开简短座谈会。北京市副市长卢彦参加并讲话。

汤涛致辞说，在刚刚结束的第 44 届世界技能大赛上，中国代表团胸怀祖国、牢记重托，全力以赴、奋勇拼搏，取得了优异成绩，实现了历史性突破，践行了出征前许下的“为党的十九大献礼、为祖国争光”的誓言，在世界技能舞台上展现了中国青年积极进取、昂扬向上的精神面貌，展示了中国青年技工的精湛技艺、顽强品质，为祖国和人民赢得了荣誉。汤涛要求，中国代表团要认真总结经验，戒骄戒躁，再接再厉，传承世界技能竞赛理念，立足岗位，积极奉献，为祖国经济社会更好发展，为实现“两个一百年”奋斗目标、实现中华民族伟大复兴的中国梦做出新的更大的贡献。

第 44 届世界技能大赛中国代表团载誉回国（右一为宋彪）

座谈会上，第 44 届世界技能大赛中国代表团团长张立新和世界技能组织中国行政代表吕玉林分别介绍了有关情况，工业机械装调项目选手宋彪、数控铣项目选手杨登辉、焊接项目专家刘景凤、车身修理项目翻译韩明等汇报了参赛感想和体会。

获奖的激动还未褪去，热情的呼喊还在耳边回荡。当跃过龙门戴上胜利者光环成为“英雄人物”的宋彪再次踏入工业机械装调项目国家集训（常州）基地，几个月前 6 进 3、3 进 2、2 进 1 选拔淘汰赛的紧张氛围又浮现在眼前。他无限深情又无限感慨地回顾奋斗流汗的时光，当初正是在这里升起仅仅一线曙光，如今已经一片光明。各种荣誉接踵而至：

11 月 21 日上午，人力资源社会保障部在北京召开第 44 届世界技能大赛参赛总结大会暨第 3 届中国青年技能营开营仪式。人力资源社会保障部做出表彰决定，对宋彪等第 44 届世界技能大赛金牌获得者予以通报表扬，并各奖励人民币 30 万元；授予“全国技术能手”荣誉称号。人力资源社会保障部党组书记、部长尹蔚民出席会议发表讲话，为第 3 届中国青年技能营授旗并宣布第 3 届中国青年技能营开营。尹蔚民在讲话中指出，世界技能大赛被誉为“世界技能奥林匹克”，是最高层级的世界职业技能赛事，引领和代表着职业技能发展的世界先进水平。我国的参赛选手大都是技工院校培养出来的青年技能人才，能够代表祖国参赛并且取得优异成绩，说明技工教育大有可为，也从一个侧面展示了我国技能人才队伍建设所取得的成就。大家技能成才、为国争光的经历，将激励更多的青年学习一技之长、成就出彩人生。他寄语各位选手要再接再厉、再创辉煌。你们就像早上八九点钟的太阳，技能成才之路刚刚起步，美好的未来、幸福的人生需要用自己的双手去创造。与同龄人相比，你们已经有了一个很高的起点，无论是继续学习深造，还是就业创业，希望大家放下今天的荣誉，脚踏实地、从头开始。要做宣传员，用你们的亲身经历，影响和带动身边更多的亲友、同学了解技工教育，了解技能大赛，走技能成才之路。要做辅导员，认真总结集训、参赛的经验教训，传授给今后参赛的选手，促进我国参赛水平不断提高。要做领航员，坚持自己的选择，坚持正确的道路，不断学习新知识，钻研新技术，掌握新技能，提高新本领，成为广大青年技能劳动者的学习标杆。

11月21日下午，中共中央政治局常委、国务院总理李克强在中南海亲切接见第44届世界技能大赛我国参赛选手。大赛唯一最高奖项——“阿尔伯特·维达”奖、工业机械装调项目金牌获得者宋彪，项目技术指导专家组组长、江苏省常州技师学院机械工程系主任宋军民，项目翻译付炜亮等参加了活动。李克强与选手们握手祝贺，他说，要全面深入贯彻十九大精神，实施创新驱动发展战略，激发“双创”活力，弘扬工匠精神，这是推动经济转型升级的强大动能。他勉励大家努力做大国工匠，把在世界技能大赛上取得的历史性突破融入日常工作，带动各行业职业技能水平实现历史性突破。

其后，李克强在参观参赛项目成果展中单独接见了宋彪等三位世赛金牌得主，与他们握手交谈，询问了各自参赛项目内容和参赛情况。

随后，李克强主持召开座谈会。人力资源社会保障部负责人做了汇报。宋彪和汽车喷漆金牌得主蒋应成、砌筑项目金牌得主梁智滨发了言。李克强说，中国经济要迈上中高端，劳动者的职业技能首先要迈上中高端。质量之魂，存于匠心。中国青年有匠心，能始终不渝追求卓越，中国品牌走向世界就有大希望。要让工匠精神渗入每件产品、每道工序，以工匠精神支撑企业家精神，支撑制造强国建设。

李克强指出，要深化改革，完善政策，加大投入，造就技能型劳动者大军，满足向更高水平发展需要，实现从“向人口要红利”到“向人才要红利”的转变。他强调，要大力解决技能人才发展渠道窄、待遇偏低等问题，让广大技能人才有实实在在的成就感、获得感。

宋彪在活动后表示，能受到总理接见既意外又兴奋，同时也很自豪，自己将牢记总理嘱托，继续学习，钻研技能，践行工匠精神，为我国成为制造强国贡献自己的力量。

2018 年 1 月 5 日，江苏省人力资源和社会保障工作会议在南京召开。为大力弘扬劳模精神和工匠精神，表彰先进，树立典型，激励广大劳动者走技能成才之路，助力制造强省建设，江苏省政府决定，对第 44 届世界技能大赛获奖选手和参赛先进单位及个人给予奖励，对首届江苏技能大奖获得者予以表彰。会上，省政府为第 44 届世界技能大赛工业机械装调项目金牌获得者宋彪记个人一等功，认定副高级专业技术职称，晋升高级技师职业资格，优先推荐评选省有突出贡献中青年专家、享受国务院政府特殊津贴人员，奖励50万元，同时，授予宋彪“江苏大工匠”称号，再加奖励30万元；为工业机械装调项目中国专家组组长宋军民记个人一等功，认定正高级专业技术职称，优先推荐评选省有突出贡献中青年专家、享受国务院政府特殊津贴人员；奖励工业机械装调项目团队50万元，为宋彪的培养单位——江苏省常州技师学院记集体一等功。

2018年1月24日下午，常州市政府隆重召开第44届世界技能大赛获奖表彰会，对为世界技能大赛参赛做出贡献的单位和个人予以表彰。市长丁纯在会上指出，一块金牌看似由一场比赛决定，但它从侧面展示了我市技能人才队伍建设取得的成就。全市上下要建设知识型、技能型、创新型劳动者大军，大力弘扬劳模精神和工匠精神，充分发挥“职教名城”优势，以更大力度、在更高层次上推进技能人才培养。常州尤其要发挥产业发展和职业教育两大优势的融合效应，加快建设产教融合示范区、职业教育创新发展试验区，加强领军人才培养，发挥竞赛育才作用。

为表彰先进，叫响“龙城工匠”，助力“常州智造”，会上，市政府奖励金牌选手宋彪人民币50万元，并给予购房补贴100万元。团市委授予宋彪“常州市青年岗位能手”称号。同时，市政府给予工业机械装调国家集训（常州）基地50万元奖励，给江苏省常州技师学院机械工程系集体记功。

宋彪从一个普普通通的技校学生成长为一位优秀的技能人才，更站在世界技能大赛的冠军领奖台上，为国家争得荣誉，印证了“知识改变命运，技能成就梦想”不仅仅是一句口号，而是可以践行的光明大道。当然并不是每个人都要成为世界冠军，但有一技在身，不光能展现个人能力和风采，强化就业本领，更能实现个人价值。

我不是方仲永

面对荣耀，宋彪表现得非常清醒。

王安石的名篇《伤仲永》记述了仲永的故事：一个名叫方仲永的神童，在不断炫耀和众人的追捧中，渐渐沦落为一贯平庸的人。王安石评论说：一个有天赋的人，如果不加强后天的学习，最终也枉然，不过就是个平庸的人罢了。

宋彪载誉归来后，可谓名利双收。有人说，你现在功成名就，20 岁就获得了副高级专业技术职称，人家寒窗苦读，奋斗一辈子也不过如此，还获得一笔奖金，今后可以轻松过日子了。

“技能改变人生，技能成就梦想，技能长才这条路，我选对了！成绩和荣誉已经成为过去，目前，我还是学院四年级学生，我将珍惜荣誉、再接再厉，坚定走技能成才之路，继续完成我的学业，用自己的努力阐

宋彪夺冠后回到父母在常州的暂住地

释工匠精神，践行技能梦想！”宋彪如此为自己规划。

他还和以前一样按时上课，认真实习，同学中相处也保持着一贯谦和的作风。他的父母打工的地方离学校比较远，他平时住学校的集体宿舍，到周末就乘公交车去父母那里，学校有活动还常常要牺牲休息娱乐时间。

回归，不是人从赛场归来，从代表荣耀的人民大会堂归来，更重要的是心的回归。宋彪依然是那个宋彪，质朴的、内敛的、上进的宋彪。

返璞归真。

他的几位好友对他获奖一点也不感到意外，觉得他拿大奖是理所当然的。为他高兴，为他骄傲，那是感情上的反应。他们相信，即使不是这次比赛获大奖，他也是优秀的。在同学的眼中，他还是以前的宋彪，质朴，随和，不张扬。这个还在上学、不到 20 岁就具备副高职称、头顶“全国技术能手”“江苏大工匠”光环的“名学生”，见到学校的老师，依然是恭恭敬敬招呼“老师好！”但是，接踵而来的报告会、座谈会……跟同学在一起的时间少了，也有同学表示心理上有落差。

对他自己而言，一切成绩荣誉都属于过去，现在自己的身份依然是在校求学的学生，自己在文化理论方面还有许多欠缺，正是应该填缺补漏的时候。技能不仅仅是操作能力，优秀的技能人才应该是有设计能力、有创造能力、有欣赏能力、有判断能力等多方面素养的。因此，他不希望过多地宣扬自己，他明白自己还年轻，不能像《伤仲永》里的仲永那样，在许多溢美之词面前飘飘然，最终吃完老本平庸到老。

要不断进步，就要学习更多更精的技能。以前，受到家庭经济条件限制；如今他转入中德国际班就读，这样就有机会直接向世界技能强国学习。

种子和土壤

宋彪的成功，有他个人的努力，有团队的协作，有专家教练的悉心指导，归根到底，全部因素取决于两个方面：种子和土壤。

个人因素是内因，只有优良的种子才能培育出好的苗子；环境是外因，有良好的成长条件，通过努力才能长成参天大树。

从内因来看，宋彪身上有几个突出的特点：

兴趣——天然的老师

“知之者不如好之者，好之者不如乐之者。”宋彪的成功，首先源于他对机械、对技能的浓厚兴趣。他小时候的兴趣爱好，就已经露出端倪，他是天生对机械装配有特殊情结的技能“良种”。同学反映，他平时除了课堂学习，看闲书不多，比较喜欢的作品中有一部叫《鲁班的诅咒》，他为里面描述的巧夺天工的机关所迷醉，鲁班和墨子两位工匠祖师的智慧和能力成为他孜孜追求的一个梦；他还喜欢看一些奇门遁甲类的书，他坚信神奇的事物都是由奇妙的想象与精良的制作创造出来的。他的兴趣天生就在这方面。

勇敢——直面茫茫未知路

就像前面说到的，在中考成绩处于很尴尬的夹缝中的时候，他明智地选择了学技能，选择了就坚定地走下去。尽管对未来之路也有迷茫，不管成功与否，也要珍惜每一次机会。自从进入江苏省常州技师学院，他目标明确，补理论，强技能，把“拿好工具”当成追求的目标。相对一场比赛而言，实力和机遇同等重要；但机遇永远只属于时刻准备好迎接它的人！宋彪被选为省级选拔赛的选手，有一定机遇；参加全国选拔，也仅仅是第三名。但作为时刻准备着竞争的选手，需要的就是永不言败的勇气。在后来的淘汰赛中他越来越成熟，各路高手狭路相逢，他越战越勇，最终证明，胜利属于勇者。

坚韧——对技术的精益求精

刚入校的时候，宋彪的基础并不突出，理论功底尤其欠缺。但他不畏艰难，好学上进，在沉默寡言的表象下有一种不屈不挠的精神。他在第一个学期就主动补强自己的弱项，在动手方面更是埋头苦干，逐步展现出自己的优势。训练中他对自己严格要求，技术上精益求精。在校集训队时，当同伴纷纷下课离开，他总是走在最后，在习惯养成上做到每个细节都不放松；在省级预选赛前，他带着伤病刻苦训练，甚至教练要求他注意休息都不肯歇手。全国选拔赛他获得第三名，他不满足……就这样，他一步一个脚印走上巅峰。

智慧——善于学习与理解比赛

我们也看到有的人非常努力，却得不到理想的效果，这往往是学习方法和理解能力存在问题。小时候就爱动手的宋彪在这方面展现出自己的天赋。他是个沉得住气的人，但又不像某些死读书的学生把大量工夫花在记诵上，他善于琢磨，善于请教，善于发现别人容易忽略的细节，这成了他的天然优势。他不但很快补强基础理论，在操作实践中更是领先一步。

而作为一名比赛选手，对比赛的要求、规则、心理状态都要很好地把握。常常有人训练时不错，比赛中却不能充分发挥，表现不出训练时的最好成绩。我们看到体育竞赛中的运动员常发生这种情况。宋彪属于能够深入理解，能把控好节奏的选手。进入国家集训队后，每场淘汰赛都至关重要，稍有偏差就前功尽弃。他每场都能

保持第一名的成绩，这不仅仅是实力，更是在全面理解比赛后掌握规律的综合素质的反映。

主教练杭明峰指导宋彪训练

从外因方面看，优良的种子在良好的土壤环境中，有好的园丁养护，才能充分发育成长。

学校是学生成长的土壤环境，我们无法一概而论哪里一定是优质土壤，哪里一定就贫瘠，但是，不同的教学体制适用于不同的教育对象，这是肯定的。江苏省常州技师学院是宋彪成长的土壤，是肥沃的“丰产地”，前面已经专门讲过；这里要说园丁。我们很容易联想起两篇著名的古文，一篇是柳宗元的《种树郭橐驼传》，一篇是龚自珍的《病梅馆记》。

柳宗元笔下的种树老人郭橐驼是位出色的园丁，他种的果树茁壮茂盛，成活率高，他的经验就是顺应树木的天性。龚自珍笔下的鬻梅人也是园丁，为了迎合世俗风尚，刻意抑制花树自身生长，而向媚俗的姿态上诱导，造就一批变态的“病梅”。

宋彪是优秀的，他本身是“良种”；宋彪又是幸运的，“良种”栽在了肥沃的土壤里，更有郭橐驼式的园丁，顺他的天性培育，让他充分生长。

如果当初家长强行要求他进入普通高中，恶补文化课，也许能进入一般人追求的高等院校，安安分分做一名普通学生，然后找一份安稳的工作——这完全符合大多数家长的愿望，但那不是宋彪的愿望，如果那样，就没有了站在技能之巅一览众山小的豪情壮志，没有了领奖台上高举奖杯高呼“中国”的宋彪！

生活中，宋彪依旧是平凡的。平凡的他有平凡的梦想，平凡不等于平庸。进入中德国际班，他朝着自己梦想的地方前行。

第八章
让技能荣耀青春

青年如初春，如朝日，如百卉之萌动，如利刃之新发于硎，人生最可宝贵之时期也。……宇宙间之事理无穷，科学领土内之膏腴待辟者，正自广阔。青年勉乎哉！

——陈独秀《敬告青年》

未来的工匠在哪里

2018 年 3 月 10 日，星期六。关注 2018 年两会情况的宋彪坐在江苏省常州技师学院传技广场的草坪上看一份报纸，身后红铜材质的鲁班锁雕塑泛出幽幽的光泽，像一位智者深邃的目光。

这份报纸上的一篇文章，令他陷入沉思。

这是《中国政协报》上的一篇全国政协委员、北京理工大学人文与社会科学学院院长李健的访谈，题目叫《未来的工匠在哪里？》。

什么是工匠精神？李健这样解释："传统工匠是指在某一个生产行业技术技能高超，具有精益求精精神的人。工匠精神则是指工匠的优秀者中间所具有的集中的品质，可以称得上是一种极为高尚的职业道德，因此，现代社会把工匠精神扩展到了各行各业。"

"工人"与"工匠"的区别在哪里？"人们在谈工匠时，总会跟'技术工人'联系到一起，其实工匠与技术工人肯定不能画等号。技术工人还远远没有达到'工匠'的程度，而工匠应该是技术工人里面能够在行业里持之以恒深入钻研，不断千锤百炼最后留下的非常优秀突出的那部分人群。"李健说。从这个意义上讲，工匠永远是少数人，无论扩展到哪个行业都是如此。从"工人"到"工匠"，路有多远？在为数不少的技工院校里，无论校方还是家长，观念上普遍存在问题，认为找到工作似乎比干好工作更重要。

江苏省常州技师学院鲁班锁雕塑

宋彪刚到技师学院上学时，其实也是抱着学一门技术，找份工作，能够安身立命这样的观念。但这里重视技能、重视开拓发展空间的氛围使他有所感悟，有了新的认识。

“职业学校通过校企合作，为企业输送技术工人原本是一条常规渠道。但职业学校里教授的知识技能大多是落后企业和市场半拍的，需求不对等。所以事实上，当前好的企业接收职业学校学生的意愿和积极性都不高。”在李健看来，作为一种实践性极强的职业，如果没有可以长期锻炼学习的空间和时间，这里出来的大部分学生只能被定位在技术工人上，很难出工匠。

李健认为，工匠绝对不是“教”出来的。在中国，从工人到工匠之路，中间隔着千万次的技能磨炼，隔着若干年的坚守执着，隔着一颗对职业极度热爱的心，就看谁能坚守到最后。而职业教育的工作者要做的，就是别让他们在这条路上孤军奋战，要让他们有动力、有能力走得尽量远一些，再远一些。

中国从来不缺少有一技之长的工匠，可如何坚守到最后?

中国古代就有“劳心者治人，劳力者治于人”“百工之人，君子不齿”的传统观念。直到我们大力弘扬工匠精神，“怒赞”工匠群体的今天，他们依然被贴上“投入大、回报低、上升空间小”的标签。“我们并不能苛责这一部分人没有理想和追求。”在李健看来，中国的工匠群体没有形成一定规模，有的甚至因为稀少而被列入国家非物质文化遗产保护名录，又或者没有成为年轻人向往的职业，是受到中国传统和社会因素的综合影响。

“其实在那些工匠大国里，比如日本、瑞士和德国，就业者对自身价值的追求是多样化的，即便是水管修理工，也有满足的社会地位。”李健回忆，他曾经在美国遇到一位女市长，她的先生就是一个管道修理工，但女市长觉得他们夫妻很般配。

在尊崇工匠的国家，这些高技术劳动者的收入是很高的，相反政府工作人员的收入都没有那么高。在李健看来，这也是一种导向。从工匠精神三度写入政府工作报告，我们开始有了自己的导向，工匠和工匠精神被提到了前所未有的高度。

宋彪不到 20 岁就被授予副高级职称，这是许多人一辈子奋斗的目标；但是他很明白，不是自己具备了副高级的水平，而是政府在宣示一种价值观导向。以前他学技术就是学技术，不太关注人文知识，而现在，他会去思考一些从来没有想过的问题，也约略知道了一些历史。宋朝是中国古代经济最发达、百姓最富裕、科技进步成就最大的朝代，而宋朝高级技能人才的收入竟高于知府的收入。可想而知，一个社会高度重视技能人才，就意味着繁荣昌盛。

英雄何须问“出身”，有制度的保证，永不言弃，大国工匠就有大显身手的舞台。

亲手创办了令人惊叹不已的火箭公司，马斯克说“我从不知道什么叫放弃”。李健告诉记者，他在学校专门针对大一新生的“院长第一课”演讲题目就是《永葆激情，永不放弃》。任何行业都是这样，只要有专注、执着、永不放弃的精神，无论在什么岗位都能成就一番事业。

而未来的工匠，也一定是从具有这种品质的人群中而来。

在世间，一山更比一山高。在继续攀登的路上，宋彪用行动与李健院长做心与心的交流。技术上，他已经是能手；但精神上，还要有更高的追求。并不是所有的武士都能称侠。军事行动中的武，擂台上的武，拳击竞技的武，乃至为钱而战的杀手的武，那只是一种技艺；而成为侠，必须有侠义的精神，有自己的品格和信念。所以梁羽生说“宁可无武，不可无侠”。武是行侠的手段。离开了侠的精神，那武功的境界就不会高。技能的境界，就在于专注、执着、永不放弃的精神，和对自己从事的事业的大爱，进而步入自由王国，在这一领域达到逍遥自在的境界。

“未来的工匠，就从这里起步！”宋彪喃喃自语道。

放飞青春梦想

沈葆桢当年为船政衙门撰写了一副对联：

且漫道见所未见，闻所未闻，即此是格致关头，认真下手处；

何以能精益求精，密益求密，定须从鬼神屋漏，仔细扪心来。

这副对联集中体现了沈葆桢的良苦用心，激励了一代又一代技术工人，汇聚成难能可贵的“工匠精神”。

在江苏省常州技师学院求学的宋彪，正是凭借“格致关头，认真下手”“精益求精，密益求密”，最终登上了世界技能大赛的最高领奖台。

“通过自己和团队的共同努力，我终于站上了技能世界的最高领奖台，为国家争得了荣誉，为学校增添了光彩，也为自己找准了继续前进的方向！”站在新高度上展望，宋彪对自己有了新的认识，有了新的追求。

科学在发展，技术在进步，技能也在不断更新。技能世界没有独领风骚的独孤求败，哪怕已经登上领奖台的最高层，只要抬头放眼，一山更比一山高！向世界更先进的工业制造强手学习，这就是宋彪接下来追求的目标。

他的下一站，是远在地球那头的高端制造业强国——德国。

2018 年，宋彪才刚满 20 岁。

新时代，新青年。

习近平总书记在党的十九大报告中对青年一代提出了殷切希望：“青年兴则国家兴，青年强则国家强。青年一代有理想、有本领、有担当，国家就有前途，民族就有希望。中国梦是历史的、现实的，也是未来的；是我们这一代的，更是青年一代的。中华民族

2018年3月16日，宋彪在世界技能大赛先进事迹视频报告会上发言

伟大复兴的中国梦终将在一代代青年的接力奋斗中变为现实。全党要关心和爱护青年，为他们实现人生出彩搭建舞台。广大青年要坚定理想信念，志存高远，脚踏实地，勇做时代的弄潮儿，在实现中国梦的生动实践中放飞青春梦想，在为人民利益的不懈奋斗中书写人生华章！”

宋彪正用技能点亮青春，在实现中国梦的生动实践中放飞青春梦想。

而江苏省常州技师学院，又将迎来千百个像宋彪一样的平民子弟。

他们进校后，将很快知道那个曾经书写了传奇的学长——宋彪！

青年勉乎哉！

后　记

赵建军和宋彪在阿布扎比

第一次记住宋彪的名字，是他“出洋相”。

2016 年 9 月，他去广州参加全国选拔赛。比赛前一天的深夜，我院带队领导打电话给我，说是宋彪肚子疼痛难忍，博罗（赛区所在地）的诊所初步诊断为急性阑尾炎，要马上动手术，现正送入惠州医院复诊。我一听，就非常着急，初步判断有两种可能：一是真的是突发疾病，那么就要马上治疗；二是可能宋彪太紧张，他还没有参加全国大赛的经验，有可能是过度紧张引起的腹痛。我立即把想法告诉了带队领导，让他们多观察宋彪的情况。半小时后，他们又打电话告诉我说，医生确诊宋彪是因为喝了冷饮，加上情绪过度紧张从而造成肠胃痉挛，引起腹痛，不是阑尾炎，不需要治疗。我才松了一口气，不禁笑起来：嘿，宋彪这孩子……

就在那一次广州的全国选拔赛上，宋彪获得第三名，跌跌撞撞进入国家集训队。后来他一路爬坡过坎，走向阿布扎比的世赛现场，并大显身手，登上最高领奖台。我和学院团队组织领导见证了这一切。

喜悦之后，我就冷静思考两个问题：一是宋彪今后的路怎么走？与他父母商量并征询宋彪的意愿，我们送他到学院的中德国际班继续深造，并强化基础理论学习，期望他成才报效国家。现在宋彪正在紧张准备德语水平考试。二是从他参赛获奖的复杂、曲折过程来看，宋彪究竟做对了什么？我们做对了什么？正巧中国人力资源和社会保障出版集团有限公司党委副书记冯政先生率团来我院调研，我的这些想法和他们“一拍即合”。于是就有了这本《宋彪的故事》。

宋彪是中国第一个获得世界技能大赛工业机械装调项目金牌的选手，也是中国第一个获得世界技能大赛最高奖——“阿尔伯特·维达”奖的选手，但肯定不是最后一个。第一个意味着没有前人成功的经验可以借鉴，但第二个、第三个就有了。宋彪的成功，既是其个人的成功，也是中国职业教育的成功，必将为后来者提供宝贵的经验财富。作为宋彪的培养者和其参赛、获奖的见证者，我们用纪实的方式，梳理和总结宋彪的成长成才之路，以期给广大青少年以启示，也给广大职业教育工作者以启迪。

对于广大青少年来说，适合的教育就是最好的教育。“家财万贯，不如薄技在身”，只要掌握一技之长，照样能够顶天立地，荣耀青春。

对于广大职业院校的“工匠之师”来说，我们既是老师，传授职业之技；又是师傅，传承工匠之魂。我们要自觉做现代工业文明、技术文明的传承者、传播者，更好担起学生健康成长指导者和引路人的责任，努力成为一名有理想信念、有道德情操、有扎实学识、有仁爱之心的高素质专业化创新型教师。

对于广大职业院校来说，必须落实立德树人根本任务，坚定不移地把培养具有工匠精神的高技能人才作为办学目标，把学校建成技能人才一生的站台、社会资源整合的平台、教职员工实现梦想的舞台，着力培养德智体美劳全面发展的后备产业工人和高技能人才，为全面建成小康社会、实现技能强国目标提供有力支撑。

……

这些已在《宋彪的故事》中有所呈现并引导我们进一步思索和前行。

宋彪的成长成才，倾注着方方面面的心血。借本书出版的机会，感谢人力资源社会保障部的张立新、刘新昌、翟涛、王飞先生，感谢江苏省人力资源社会保障厅的朱从明、余强先生和陈静女士，感谢常州市人力资源社会保障局的陈志良、程沫芝先生，感谢为宋彪提供帮助的兄弟院校和外国友人，感谢所有关心、关注宋彪的社会各界人士。同时感谢中国人力资源和社会保障出版集团有限公司的张斌、冯政、刘春等领导和团队对本书策划、出版给予的大力支持。成书过程中还引用了一些作者的观点、资料，在此一并致谢。

由于时间仓促，难免有所疏漏和不足，欢迎广大读者提出批评、意见，我们在再版时一并修订。

江苏省常州技师学院党委书记
第44届世界技能大赛工业机械装调项目
中国集训主基地领导小组组长
赵建军
2018年8月1日